La Rationalité en quête d'un guide

Collection « Questions économiques »
Dirigée par Xavier Richet

Croissance, décroissance, crises, chômage, inégalités, innovation, mondialisation, démondialisation, post-capitalisme… Jamais les « questions économiques » n'ont été aussi nombreuses et aussi complexes à appréhender.

Le pari de la collection « Questions économiques » est d'offrir un espace de réflexion et de débat à tous ceux, chercheurs, militants ou praticiens, qui osent penser autrement, exprimer des idées neuves et ouvrir de nouvelles pistes à la réflexion collective.

Déjà parus

Nicolas Huchet, *La nouvelle Europe bancaire et financière*, 2020.
Cécile Bastidon, Azzedine Ghoufrane, Ahmed Silem (dir.), *Zone de libre-échange continentale et intégration régionale en Afrique*, 2020.
Mohammed Benlahcen Tlemçani, Zineddine Khelfaoui, Sofiane Tahi (dir.), *Capital humain et dynamiques économiques*, 2020.

Christine GALAVIELLE

La Rationalité en quête d'un guide

L'Harmattan

5-7, rue de l'Ecole-Polytechnique, 75005 Paris

www.editions-harmattan.fr

ISBN : 978-2-343-21639-3
EAN : 9782343216393

Le mental intuitif est un don sacré et le mental rationnel est un serviteur fidèle. Nous avons créé une société qui honore le serviteur et a oublié le don.

Albert Einstein

Je tiens à exprimer mes plus sincères remerciements à Monsieur Bernard Girard dont l'aide bienveillante a permis à ce projet de devenir un livre.

Prologue

Le désarroi qui se projette de cette image devra accompagner le lecteur sur le chemin des voies à explorer, ainsi que des interprétations et des suggestions qui se profileront au cours de cette étude[1].

Le titre en langue espagnole « *El sueño de la razón produce monstruos* » admet en effet en français deux traductions, « *el sueño* » pouvant être aussi bien « le sommeil » que « le rêve ».

Quelle fut alors la vision de l'artiste ?

Les commentaires divergent, ainsi que les traductions. On sait que Goya, au début un fervent admirateur de la Révolution française, s'en était détourné, horrifié de la tournure des événements.
Peut-être la postérité s'est-elle vue confier la tâche de lever cette ambiguïté, sachant que la raison défaillante sera toujours porteuse d'éventualités menaçantes.

Or, notre monde du 21e siècle n'accuse que trop de scénarios qui évoquent « le sommeil de la raison », celle-ci étant une

---

[1] Gravure de Francisco de Goya, 1797, Musée du Prado (traduction la plus courante en français : 'Le songe de la raison engendre des monstres')

qualité que l'être humain possède en propre. La conséquence est alors une inaction devant la souffrance engendrée par des agissements guerriers ou par des variantes d'un *« laisser-faire »* appelé souvent du nom de 'néo-libéralisme'.

Est-il alors trop osé de prétendre que les deux interprétations convergent ? Regardant les animaux qui assaillent l'artiste endormi, on peut faire appel à des symboles attribués souvent à ces pauvres bêtes que sont le hibou au titre de la peur et la chauve-souris pour l'ignorance.

Ce qui vient d'être évoqué prend aujourd'hui des formes proprement « monstrueuses », des milliers de personnes perdant leurs vies en mer et d'autres étant dépouillées de leurs biens, du fait que la raison des responsables politiques était trop longtemps « en sommeil ».

N'est-il pas vrai qu'en toile de fond de ces cataclysmes, se situent fréquemment des rêveries folles de quelques puissants de ce monde, les exemples du passé étant nombreux, et l'actualité présente peut inciter à des évocations téméraires ?

Or, avant de vouloir esquisser des stratégies porteuses du refus de la peur et du rejet de la folie, il faudra mieux connaître cet être 'fini' qu'est l'homme.

À ce propos, une expression devenue si courante qu'elle paraît désormais comme quasiment banale, nourrit les médias aux ambitions intellectuelles : « l'homme économique ». En fait, ce terme à l'avantage de pouvoir servir à tour de rôle de justificatif et de propos péjoratif. L'homme est-il un loup pour l'homme ? Notre espèce n'échappe-t-elle finalement pas aux lois de la nature ?

Néanmoins, 'Une archéologie des sciences humaines'[2] propose un cheminement structurant qui parvient à la conclusion que l'homme est *devenu* ce dont on l'accuse – ou l'excuse – en se détachant de ses origines.

Deux économistes, piliers de la théorie classique, témoignent de cette interprétation : Adam Smith et David Ricardo, et c'est donc au tournant des 17e et 18e siècles qu'un changement fondamental – on dirait presque une mutation – aurait eu lieu : ce que Foucault appelle « une sorte d'autoanalyse de la raison. »[3] Cette analyse s'appuie sur le signalement d'une altération définitive de la nature de l'homme : Chez Adam Smith, l'analyse s'appuie essentiellement sur le troc comme base de la formation de la valeur et assurant l'échange, de sorte que le travail sert d'unité commune à toutes les marchandises.

Cette « horizontalité » suivant le langage de Foucault se perd chez Ricardo : si le travail est toujours source de valeur, pour Adam Smith « l'activité des hommes et la valeur des choses communiquaient dans l'élément transparent de la représentation »[4], alors que pour Ricardo le travail est source de valeur en tant qu'activité de production. On observe donc très clairement ici la « verticalité » qui a pris le relais de la représentativité.

Or, la population s'accroît, de sorte que l'échange en quelque sorte « naturel » et, comme on aurait tendance à dire de nos jours, « convivial », se heurte à une rareté croissante qui par ailleurs conduit Ricardo au discours fondateur de la rente foncière, mais qui possède une portée parfaitement générale ; l'homme devient en fait « économique », il doit se battre pour

---

[2] Michel Foucault (1966)

[3] Ibid. citation p. 264

[4] Ibid. citation p. 265

survivre, ce qui ne lui réussit que pendant un temps limité, signant ainsi sa « finitude ».

Devant le « pessimisme » de Ricardo, omniprésent dans les ouvrages portant sur l'histoire de la théorie économique, on constate donc que *l'homme économique* fait son apparition dès que se manifeste le phénomène de la rareté, les activités « naturelles » de la cueillette et de la chasse étant devenues insuffisantes. L'argent fait alors son apparition sous la forme d'un capital constitué grâce à l'effort fourni aux dépens d'autrui et non requis dans l'immédiat, l'accumulation symbolisant la loi du plus fort... n'aperçoit-on pas ici pointer des relents de la théorie marxiste, porteuse de l'espoir de la révolte des laissés pour compte et finalement en mesure d'inverser l'histoire de l'Humanité ?

Bien entendu, « l'homme de la cueillette et de la chasse » avait disparu depuis longtemps lorsque fut élaborée la théorie smithonienne, de sorte que l'accent mis sur l'échange et la représentativité de la valeur constante des unités de travail permet de jeter le pont vers « la main invisible » pacifiante et toujours rééquilibrante. S'impose alors le cynisme de *Joan Robinson* conférant à cette même main invisible des pouvoirs de strangulation[5].

Ainsi, *l'homme économique* est très en retrait chez Smith qui lui impose un guide supérieur, alors qu'il se profile clairement chez Ricardo, sans pour autant être assujetti à un jugement moral.

Or, un tel jugement moral a été établi bien avant le temps des grands économistes par Sénèque, vivant au tout début de notre

---

[5] Joan Robinson (1951) « La main invisible effectue toujours son travail, mais elle peut le faire par strangulation »

ère[6], à propos des *Lettres à Lucilius* consacrées essentiellement au concept du bonheur[7]. Ainsi, si l'être humain veut vivre heureux, il devra vivre en accord avec la nature, la sienne propre aussi bien que celle qui l'entoure.

On verra par la suite que les propos de Sénèque gardent toute leur actualité, même si de nos jours l'impératif du bonheur est recouvert du voile des exigences de la vie quotidienne.

Pour Sénèque, la nature nous a dotés de toutes les vertus requises pour vivre heureux : cette affirmation gagne en dimension et s'adresse à notre étude, du fait que pour le philosophe la vertu et la raison ne font qu'un. « « La vertu siège dans la plus haute partie de nous-mêmes, la partie rationnelle »[8]. On est tenté de jeter un pont sans doute fort osé vers les recherches parmi les plus récentes en économie : la neuro-économie, nos neurones servant de guide, supposé en bien et redouté en mal.

Néanmoins, en essayant de dépasser le propos direct, l'interprétation des *Lettres* devient plus délicate : la nature nous appelle à satisfaire nos besoins, alors que les comportements allant au-delà deviennent « vicieux ». Si on a certes besoin de se mettre à l'abri de la faim et du froid, qu'en est-il des inventions « modernes », à commencer par le téléphone et allant jusqu'aux jeux vidéo ? Si la voix d'un proche au téléphone nous console et, pourquoi pas, nous offre un brin de bonheur, est-ce « vicieux » ? Et si notre enfant, en discutant d'un jeu vidéo avec des amis, est heureux de se savoir intégré dans un cercle d'amis, est-ce contre nature ?

---

[6] Janine Fillon(2000)

[7] Ibid. pp. 45-52

[8] Lette no. 32 à Lucilius, ibid., citation p. 48.

Il semble que l'équivalence entre la vertu et la raison devient complexe ; si néanmoins on veut la sauvegarder, où placer alors l'homme économique ? Sur un piédestal, puisque la vie moderne a rendu tant d'acquis possibles, ou dans la pièce des débarras de ce qui n'est pas « nécessaire »… ou « utile » ? Ce dernier qualificatif repose sur une complexité foisonnante qui sera approfondie par la suite.

En attendant, *raison* et *rationalité* ont donné lieu à des réflexions qui ne cessent d'être d'actualité[9]. Le fait de situer la raison dans un contexte conflictuel conduisant à la rationalité paraît convaincant : « *La raison est toujours déjà impliquée dans les processus politiques qui en retour gagnent d'elle leur rationalité* »[10].

En poursuivant ces considérations d'essence kantienne, Christian Berner fait appel à la pensée de Dilthey, en précisant que « *Dilthey (…) réinscrit la raison dans la vie et l'histoire, à la finitude de la raison. Les conflits de la raison sont le reflet de 'formes de l'existence humaine' et impliquent dès lors des conflits dans la vie, tant au plan individuel que social. La finitude de la raison prend ainsi un tour plus ouvertement politique, puisqu'il s'agit au fond de penser des formes possibles de la vie en commun* »[11]

Christian Berner souligne encore le « libéralisme politique » mis en relief par Rawls, repris par Habermas, le maintien d'une seule doctrine compréhensive conduisant inévitablement à la tyrannie[12].

---

[9] Christian Berner (2008)
[10] Ibid. cit. p.153
[11] Ibid. p. 155
[12] Ibid. pp 160-161

Or, si ces propos peuvent donner lieu à un scepticisme « raisonné », on ne saurait faire abstraction de la pensée de Pierre Bourdieu, analysée dans ce contexte par Marcel Fournier[13] qui procède à une analyse critique de l'œuvre de Bourdieu, tout en se laissant guider par son originalité propre. En effet, dès les premières lignes de l'article, le lecteur est intrigué par la définition de la rationalisation de la raison qui devient « la justification logique et consciente d'une conduite qui relève d'une motivation inconsciente ». On doit comprendre que la motivation se situe *avant* toute prise de conscience à la recherche d'une justification.

La problématique de la conscience et de l'inconscience sera évoquée par la suite, mais il restera une ambiguïté.

En attendant, la rationalité a besoin de s'appuyer sur la raison devenue rationalisation, à la recherche d'un guide qui permettra de lui attribuer le qualificatif d'une théorie de l'action poursuivant une *finalité*.

Certes, celui qui poursuit une finalité – qu'il s'agisse d'un homme politique ou d'un simple citoyen - aura besoin d'une *stratégie*. Or, la stratégie née de l'utilitarisme, est rejetée vigoureusement par Pierre Bourdieu qui suit ici Emile Durkheim, comme le précise Marcel Fournier. L'approche coûts-bénéfices est une aberration non seulement d'un point de vue moral, mais aussi dans une perspective qui va au-delà de l'économie. En effet, vouloir définir l'être humain simplement en termes de fonctions économiques, le priverait fatalement des composantes qui sont les siennes dans la vie collective, où les convictions, les préjugés et d'autres tendances d'orientation sont largement partagés.

---

[13] Marcel Fournier (1012)

Dire qu'il s'agit ici d'une interprétation sociologique ne signifie rien d'autre que l'accueil favorable de l'argumentation de l'économie comportementale dont la signalisation des *biais* de la conduite des hommes commence à être plus généralement acceptée aujourd'hui, même si cette théorie inachevée se heurte toujours aux préceptes de la théorie néoclassique.

En effet, si la rationalité vise l'action, celle-ci ne saurait être menée à bien et atteindre sa finalité qu'en tenant compte du processus parcouru.

Espérons que l'ouverture que cherche à esquisser notre étude, contribuera à vaincre les obstacles sur le chemin d'une meilleure compréhension de ce que nous sommes.

Cette dernière question se pose avec une acuité particulière et inattendue en ce printemps 2020 où une pandémie a bousculé tant de certitudes et conduit à des comportements collectifs contraints, mais généralement bien acceptés.

Alors que l'activité et la réactivité avaient été vues essentiellement dans la perspective de « *l'homme économique »,* le maintien de ces fonctions, en faisant abstraction des menaces qui pèsent sur l'emploi, s'accompagne de manifestations de frustration, de désolation et de solitude qui soulignent la partialité – dans tous les sens du terme – de la théorie dominante.

Première Partie
Stratégies et Finalités –
La rationalité de l'équilibre général

Chapitre I
Un concept à archiver ?

§ 1 Le comportement rationnel : Une régression ?

« L'agir humain est nécessairement toujours rationnel ».[14] Cette affirmation de Ludwig von Mises est sans appel. Elle continue de dominer la théorie économique, d'essence néoclassique.

Cependant, les penseurs grecs nous ont légué des textes dont la profondeur devrait mieux guider la recherche et la politique économiques aujourd'hui, quant aux stratégies à poursuivre.

Pour illustrer ce propos, il convient de souligner que Platon, Aristote et leurs contemporains, ainsi que quelque temps plus tard Euclide, furent les héritiers d'un pythagorisme qui avait créé dès le sixième siècle avant notre ère les bases de l'irrationalité dans un environnement intellectuel mathématique. En témoignent, par exemple, les exposés de Platon dans La République, au sujet des diagonales « rationnelles » (directement exprimables) et « irrationnelles »[15].
À la lumière de la difficulté des équivalences linguistiques, Marcel Caveing procède à une mise en garde générale

[14] Ludwig von Mises, Édition française PUF 1949 ; Première Partie : L'agir humain, Chapitre 1 – L'homme en action, citation Section 4. : Rationalité et irrationalité, subjectivisme et objectivité de la recherche praxéologique.
[15] Maurice Caveing (1998), cit. p. 65

précieuse[16] : l'adjectif « rationnel » au sens moderne est plus restreint dans sa signification que l'adjectif grec correspondant, alors le terme « irrationnel » en grec est par contre plus restreint. Il en résulte que l'opposition « crue » (suivant Marcel Caveing) moderne entre les deux termes ne se justifie pas dans le contexte des travaux de l'Antiquité, de sorte que ce qui était jugé comme exprimable, l'était davantage jadis qu'aujourd'hui. À partir d'ici, l'économiste préfère de ne pas trop empiéter sur le terrain des philosophes…

Néanmoins, il est difficile de résister à l'envie de mettre en relief les difficultés rencontrées par Aristote devant une délimitation trop nette des deux concepts de rationalité et d'irrationalité. Or, confronté à la complexité de la pensée aristotélicienne, la 'Note' de Pierre-Marie Morel[17] se prête à un résumé éclairant : « *L'insistance sur la dimension décisionnelle de l'inclination morale conduit… à concevoir cette dernière comme un principe déjà rationnel,… parce qu'elle oriente la décision vers le bien en vertu d'un rapport, et par conséquent d'une certaine forme de* **logos**… *Aristote, en affirmant que le désir est, dans sa forme la plus complexe, 'raisonnable', interdit en fait que l'on oppose, dans l'analyse des conditions de l'action, une composante purement rationnelle à une autre, qui ne le serait absolument pas* ».

Même si cette brève référence ne saurait refléter la richesse de la pensée des philosophes grecs de l'Antiquité, elle laisse entrevoir l'appauvrissement de la réflexion qui semble s'être produite au fil des siècles.

C'est ainsi que même à l'époque présente le concept de rationalité fait hésiter entre « l'homme économique » et celui qui est souvent appelé « l'homme sociologique », le premier ne

---

[16] Ibid. p. 200

[17] Pierre-Marie Morel (2017) cit. p. 7

manquant pas de défenseurs, comme le montre l'exemple suivant :

« Le comportement rationnel est une boîte noire »... « Les agents économiques se comportent (en avenir certain et avec effet immédiat) comme s'ils maximisaient une fonction d'utilité »[18]

Or, la parenthèse annule aussitôt l'affirmation de rationalité : l'avenir est toujours incertain, alors que de nombreuses actions entreprises visent des finalités autres qu'immédiates.

Il convient de s'arrêter un instant au concept de la *boîte noire* en tant que tel. Ce terme introduit par Norbert Wiener après la Deuxième Guerre mondiale désigne un quelconque mécanisme dont le fonctionnement interne est inconnu. Ce qui se trouve à l'intérieur peut être inaccessible ou volontairement écarté, de sorte que seuls importent les échanges avec le monde extérieur.

La théorie de l'économie comportementale vise justement la prise en compte des agissements de l'homme qui peuvent, au sens propre du terme, jeter une lumière sur ce qui n'est plus véritablement une 'boîte noire'. Les événements du printemps 2020 soulignent la pertinence de ces réflexions.

Il faut par ailleurs admettre que ce concept est particulièrement malfaisant lorsqu'il s'agit d'une entreprise : seuls comptent les « inputs » et les « outputs », sans s'intéresser à ce qui se passe à l'intérieur. Il est entendu que de telles affirmations ont été reprises par les corps intermédiaires, à commencer par les syndicats, pour s'inscrire en faux contre le fond comme contre la forme donnés à ce concept.

---

[18] Ivar Ekland (2011) citations p. 34

§ 2 Des exemples témoins de la réflexion dominante

Si la théorie néoclassique a dominé le 20e siècle en se prolongeant jusqu'à nos jours, les angles de vision sont suffisamment différents pour justifier un bref discours.

* *La relation de Slutsky*

C'est ainsi qu'Eugen Slutsky, mathématicien et statisticien russe, a élaboré une théorie connue sous le nom de *relation de Slutsky* qui se propose de faire converger la demande marshallienne et la demande hicksienne du consommateur, la congruence étant présente du fait de la contrainte budgétaire reconnue[19].

Dans les deux cas, le consommateur adresse sa demande à un seul bien dont le prix varie.

Pour le consommateur marshallien

$X = f(p, w)$ p= le prix ; w = le revenu

Pour le consommateur hicksien

$x = f(p, u)$ u = l'utilité procurée par la dépense.

Dans les deux cas, la variation du prix conduira à la recherche d'un nouvel optimum sous contrainte qui sera dominé chez Marshall par l'évolution du revenu, alors que le consommateur de Hicks considère essentiellement l'utilité nouvelle.

Passant à une écriture matricielle, il vient :

$\delta h/\delta p = \delta m/\delta w \times h + \delta m/\delta p$
m = la demande marshallienne ; h = la demande hicksienne

---

[19] Eugen Slutsky (1915)

La maximisation de l'utilité prend la forme d'une fonction convexe, la matrice étant semi-définie et positive.

La validité de l'hypothèse exclusive de la convexité sera examinée par la suite ; elle impose des contraintes aux finalités et stratégies à poursuivre.

En attendant, on peut remarquer que le consommateur figure dans les deux cas en tant qu'agent rationnel, mais chez Hicks le concept d'utilité engendre plus directement le comportement rationnel.

****L'équilibre de Nash**[20]

La théorie du choix rationnel ayant conduit à l'élaboration de *l'équilibre de Nash,* permet au départ d'entrevoir une parenté avec les thèses de Vilfredo Pareto, nonobstant l'originalité incontestée de l'auteur.

Nash pose d'emblée le problème en termes de stratégie : on est en situation d'équilibre lorsque les agents économiques procèdent tous à des choix rationnels en interprétant les actions d'autrui comme support de leur propre action. Chaque 'joueur' estime qu'il n'aura pas intérêt à changer de stratégie ; Nash ne semble pas s'être soucié du résultat de ce comportement pour la communauté au sens large.

Or, au-delà de la formalisation mathématique, on est en droit de faire valoir un certain nombre d'objections factuelles : Nash a certes publié son article fondateur en 1950, au lendemain de la guerre, mais même dans de telles conditions les marchés n'étaient pas conformes aux prémices de l'auteur : ils n'étaient pas concurrentiels, il y avait très vite de nouveau

---

[20] John Nash, deux articles fondamentaux datant de 1950 étant connus sous ce titre.

des positions dominantes, alors que des barrières s'opposant à la libre circulation des personnes et des biens encombraient le monde entier. Qui plus est, l'échange d'informations est implicitement supposé parfait, ce qui constitue probablement l'hypothèse la moins réaliste parmi toutes, d'autant que le monde n'était pas encore « numérisé » et « connecté ».

On peut ajouter que les économies du monde entier subissaient la chape de plomb de la guerre froide débutante, ce qui avait rendu quasiment impossible toute prévision même à court terme, au plan micro- aussi bien que macroéconomique.

L'invocation de la rationalité se heurte alors à des obstacles majeurs.

**** Des voix en bordure du 'mainstream'.*

Il n'est donc pas surprenant que devant les constatations empiriques en présence, des voix se soient élevées pour modifier le profil de la rationalité, sans pour autant s'en départir réellement.

(i) Herbert A. Simon[21]

À ces débuts, le lieu privilégié de l'analyse de l'auteur est l'entreprise. En effet, Simon figure autant comme économiste que comme sociologue. Or, si l'entreprise constitue certes un repère sociologique, elle est à quelque distance dans son fonctionnement de 'l'homme économique' en tant qu'agent individuel.

Ceci étant, Simon est ici indiscutablement attaché aux dogmes de l'école néoclassique. Il est ainsi « normal » que le responsable de l'usine donne des ordres aux exécutants pour que ceux-ci soient les plus efficaces possibles. Les agents sont

[21] Herbert A. Simon (1957)

des acteurs qui font des choix suivant leur niveau d'autonomie, mais ils agissent surtout par habitude sur la base des ordres reçus, dans le cadre d'une rationalité qui se soustrait à leurs décisions propres.

« L'homme acteur » est intégré dans un circuit informationnel dont il s'agit de limiter au maximum les lacunes. On peut supposer que le manager dessine sa stratégie par rapport à ce qu'il considère comme les stratégies des concurrents. On imagine qu'une rationalité interprétée de la sorte signifie souvent un chemin passablement cahoteux !

Cependant, on perçoit déjà en pointillé une certaine prise de distance pa rapport à d'autres recherches du milieu du 20e siècle. Ainsi, le Chapitre VII de notre étude retracera l'évolution de la pensée simonienne jusqu'aux années quatre-vingt-dix, et nous permettra d'exposer le recul de la théorie néo-classique de la rationalité dans les textes de Simon devant les expériences et les interprétations des comportements.

(ii) M. Crozier et E. Friedberg[22]

Ces auteurs situent l'analyse au plan individuel ou collectif, sans nier la configuration de l'entreprise, mais en soulignant la stratégie de celle-ci face au monde extérieur tel qu'il apparait. Il s'agit donc d'affronter non seulement les concurrents, mais les consommateurs dont on voudrait faire des demandeurs des produits de l'entreprise. Ainsi, la stratégie parait ici plus compréhensive que dans le cas précédent.

L'efficacité étant toujours en haut de l'affiche, cela suppose, pour réussir, une identification forte de la part des collaborateurs avec l'entreprise.

---

[22] Michel Crozier et Erhard Friedberg (1977) nouvelle édition 2014

Un passé récent témoigne de la problématique d'une telle stratégie. En effet, au lendemain de l'annonce de la fermeture d'un site, les médias ont donné la parole aux employés qui ont manifesté leur incompréhension devant la débâcle survenue, alors qu'ils étaient *si fiers de leur entreprise*. Leur déception et leur désarroi paraissent d'autant plus émouvants lorsqu'on considère les niveaux d'inégalité des récompenses de l'effort fourni.

Dans ces conditions, l'acteur stratégique qui se veut collectif impose une rationalité limitée qui échoue au détriment de tout le collectif, mais elle sera ressentie plus durement par certains que par d'autres.

§ 3 Stratégies et finalités dans un environnement supposé rationnel

* *En amont de l'Habitus*

L'attachement au concept de la rationalité conditionne les comportements, qu'ils soient individuels ou partagés, relevant du secteur privé ou du secteur public. C'est sous cet angle qu'il faudra analyser les options qu'offre cette hypothèse, plus restreintes que celles auxquelles il sera fait référence au cours de la deuxième partie de notre étude.

L'agent seul veut généralement atteindre un nombre plus ou moins important d'objectifs, alors que l'entreprise s'efforcera de parvenir à ses fins en matière de productivité et de gains, ces derniers pouvant bénéficier à différentes catégories de personnes, parmi lesquelles les actionnaires occupent désormais une place souvent décisive.
Quant à l'action publique, la finalité peut être résumée dans le cadre de ses rapports avec les citoyens, de sorte que les promesses électorales réalisées puissent conduire à la réélection du pouvoir en place.

Il est alors essentiel de se référer à un concept qui pèse sur toute rationalité défendue : *L'Habitus*.

Il s'agit du contexte culturel et historique partagé par tous les acteurs concernés. Formulé autrement, le savoir considéré comme acquis constitue les bases de l'habitus.

Il est vrai que ce concept devient de nos jours plus flou, puisque l'habitus est en train de se fondre dans l'image globalisée du monde. Néanmoins, il reste présent, fut-ce de façon plus diffuse ; pour s'en rendre compte, il suffit de comparer la conduite des affaires en Europe et aux Etats-Unis.

En ce printemps 2020, la différenciation sociétale entre les deux continents saute aux yeux : alors que la politique européenne est dominée par l'aspect sanitaire, l'Amérique de Donald Trump privilégie la composante économique en acceptant, bien que de façon cahoteuse, la marche des affaires. Ainsi, ce n'est même plus le concept de « l'America first », mais un cynisme auquel on pourrait donner le nom d'« habitus déglobalisant ».

L'habitus connaît ainsi des barrières qui peuvent faire douter de la rationalité des comportements0 défendue en tant que notion théorique de deux façons juxtaposées.

** *La rationalité non attribuée*

Si le Chapitre VII de notre étude donnera lieu à l'examen du caractère subjectif ou objectif de la rationalité, il s'agit ici d'examiner la portée théorique de la rationalité : est-elle nécessairement consciente ou peut-elle être inconsciente ?

Les avis divergent : Ivar Ekland[23] estime que la rationalité et donc la stratégie rationnelle ne sont pas toujours conscientes.

---

[23] Ivar Ekland, op.cit., p. 18

Hélas, l'exemple qu'il donne, du consommateur au supermarché, parait très peu convaincant, puisqu'alors le consommateur remplirait son caddy de façon rationnelle, en toute inconscience, Ekland évoquant l'illusion de l'intériorité.

Or, une Note de lecture d'Alain Dewerpe examine l'interprétation de la stratégie chez Pierre Bourdieu, pour parvenir sur ce point à la conclusion suivante[24] :

« La primauté semble (donc) être du côté de l'inconscient ».

Avant de poursuivre avec l'appréciation de la pensée de Bourdieu par Dewerpe au sujet de la stratégie, acceptons la primauté de l'inconscient comme hypothèse, les deux options restant néanmoins en présence.

Rappelons que Descartes prônait la qualité de l'homme maître de soi[25], alors que Freud défend presque trois siècles plus tard (« enfin » est-on tenté de dire) la théorie de l'inconscient qui domine notre esprit et oriente donc nos actes[26]. Même si les adversaires de Freud sont encore nombreux de nos jours, « l'inconscient » – souvent sous d'autres noms – n'est plus nié en tant que tel.

Or, si la rationalité n'est pas nécessairement consciente, qu'en reste-t-il ? A la rigueur la composante structurelle sous la forme de l'habitus (cf. supra), qu'il sera néanmoins difficile à défendre. En effet, la rationalité réduite au seul habitus n'aurait plus que la part du pauvre !

Ayant retenu la primauté de l'inconscient chez Bourdieu, Dewerpe poursuit avec l'interprétation suivante :

---

[24] Alain Dewerpe (1996) citation p..19

[25] René Descartes (1637)

[26] Sigmund Freud (1916)

« De fait, la *stratégie* semble réaliser cette magie sociale qui consiste à masquer le monde social, à produire un effet de méconnaissance, effet qui est au principe de l'action efficace, c'est-à-dire porteuse d'un accroissement du profit de l'agent, et dont la vérité serait la stratégie d'officialisation, qui a pour objectif de transformer en le masquant l'intérêt en désintéressement »[27].

Or, si on accepte la « magie sociale » engendrée par la stratégie, avec en corollaire les conséquences, la question à poser est celle de savoir si l'effet de « magie » peut provenir de l'inconscient. Les deux termes sont-ils congruents ou du moins concordants ? En se contentant de la constatation qui veut que dans les deux cas, c'est l'incompréhension qui se reflète – point dans un sens péjoratif, mais comme absence de savoir-, on est en droit de conclure que l'inconscient veut finalement du bien à tous les agents, quel que soit leur statut.

Peut-on aller jusqu'à dire que « moins j'y pense, mieux je me porte » ? Même si la pensée logique réduit ainsi la rationalité à la part du pauvre, elle semble s'appuyer sur la tendance lourde d'une continuité statique. Fut-ce la conviction de Bourdieu ? La question reste posée.

De telles abstractions ne doivent pas trop nous éloigner des bases des modèles néoclassiques et de l'espace qu'elles accordent aux stratégies à poursuivre.

Ainsi, la rationalité évoluant à partir de la base de l'utilité, il peut être opportun d'approfondir le concept avant d'engager le débat sur le terrain de l'équilibre général représenté par le modèle Arrow-Debreu.

---

[27] Op. cit. Commentaire au sujet de Pierre Bourdieu, Le sens pratique, Éditions de Minuit

Chapitre II
Le concept d'utilité

Préambule : L'utilité en images

Il s'avère qu'aujourd'hui, et en dépit de l'ancrage du concept d'utilité dans la théorie néo-classique, sa pertinence est souvent mise en question. Serait-ce une Licorne ou même une chimère ? Même si ces images ne semblent pas très éloignées, cela vaut tout de même la peine de les détacher l'une de l'autre.

En effet, la Licorne, cachée aux yeux des humains, suggère un être mystérieux venant de la mythologie, insaisissable certes, mais souvent porteur d'un rayon de lumière et donc, si on veut, d'une attente. Ainsi, il y aurait « quelque chose » en mesure d'intervenir en bien ou en mal ; même s'il nous est impossible de saisir l'apparition elle-même, peut-être que le rayon de lumière qu'elle dégage pourrait éclairer les chemins à suivre au milieu de nos méandres.

Or, l'image de la chimère à laquelle font appel souvent les détracteurs résolus du concept d'utilité, est résolument péjorative. La saisie du concept se heurterait à un vide par définition dépourvu de tout contenu. Or, derrière un concept se dessine d'ordinaire la volonté de passer de l'abstraction à l'application, d'emblée exclue ici. Il se pose alors la question d'un remplacement au sens d'un autre choix, ce que suggère – on le verra par la suite – la théorie de l'économie comportementale.

En attendant, la notion d'utilité mérite un examen de son histoire, de son ambiguïté originelle, avant de la replacer dans le cadre de la théorie dominante et de ses finalités. On verra dans quelle mesure un tel développement permettra de dessiner des finalités en toile de fond des stratégies poursuivies.

Au préalable, il faut souligner l'étrangeté qui entoure à ce jour la notion d'utilité : Licorne ou Chimère ? En effet, depuis le Siècle des Lumières, les interprétations ont été – et restent – non seulement multiples, mais divergentes. D'où la tentation de poursuivre la tendance lourde des stratégies en place, c'est-à-dire maintenir les politiques micro- et macroéconomiques « rassurantes », plutôt que de chercher de véritables perspectives à plus long terme.

La séquence des paragraphes qui suivent peut surprendre : il a en effet paru indiqué de brosser d'abord le tableau philosophique et politique du Siècle des Lumières avant de saisir les aspects plus fonctionnels de la notion d'utilité.

§ 1 La notion d'utilité dans la philosophie de Diderot[28]

L'ouvrage le plus révolutionnaire que Diderot a confié à la postérité est *L'Encyclopédie*[29], témoin privilégié du Siècle des Lumières.

Commençons par un avertissement : le lecteur cherchera en vain une définition de l'utilité qui se voudrait objective, la notion faisant figure chez Diderot d'un « *faisceau unique aux déterminations multiples* »[30]

En son temps, l'ouvrage fit aussitôt grand bruit, les autorités religieuses prenant ombrage du désir manifeste de l'auteur d'apporter au peuple des éclaircissements dans le cadre le plus général de l'existence humaine et de la nature qui lui sert d'accueil.

L'objectif de Diderot était en effet la divulgation du savoir, la familiarisation des populations avec les sciences, les arts, c'est-à-dire tout ce qui allait au-delà d'une vie quotidienne conditionnée par la soumission aux lois de l'Église. Allant plus loin qu'une ouverture de l'esprit, Diderot voulait ainsi guider les hommes vers une vie plus heureuse, moins dépendante et de ce fait plus entière.

En ce sens, le savoir était « utile », sans que cela soit dit en ces termes, une porte ayant été ouverte menant vers des domaines jusque-là réservés à une Divinité. Désormais, la raison s'opposait à une foi dépourvue de toute mise en question, de sorte que vouloir astreindre le peuple au respect des Saintes Écritures se heurtait à la réflexion stimulée par des savoirs nouveaux transmis au cheptel des croyants.

---

[28] Michèle Chabanon (1994)

[29] Denis Diderot (1751-1772)

[30] Michèle Chabanon, op. cit., cit. p. 99

Il est à ce propos remarquable que l'Impératrice Catherine II de Russie ait pu avoir des relations suivies avec Diderot, l'invitant à plusieurs reprises à la Cour de Saint-Pétersbourg, pour qu'il puisse exposer la nécessité d'instruire le peuple. Bien que la Monarque symbolisât les Pouvoirs séculaires et point religieux, il peut surprendre que le philosophe ait pu bénéficier d'une telle audience dans un pays considéré à l'époque comme arriéré.

Or, d'autres écrits évoqués par Michèle Chabanon[31] semblent à première vue s'écarter quelque peu des propos figurant dans l'*Encyclopédie*. Il s'agit alors de l'évocation du désordre incontestablement présent dans notre Monde, et que Diderot reconnait, tout en restant à l'écart de l'idée du rétablissement d'un ordre grâce à une intervention supérieure. Ce n'est donc certainement pas « la main invisible » d'Adam Smith qui rétablira l'ordre, ou plutôt l'équilibre.

Cette dernière réflexion mérite d'être soulignée – à regret, pourrait-on dire –, puisque l'ouvrage central d'Adam Smith, *Recherches sur la Nature et les causes de la richesse des nations (1776)*, doit alors être considéré comme une régression par rapport à la philosophie de Diderot, sur le plan de la rationalité aussi bien qu'en vertu de la morale. Le fait de considérer Adam Smith comme le héraut de la théorie économique classique, ne permet guère de le soustraire à l'empreinte du Siècle des Lumières qui était le sien.

Pour Diderot, et bien qu'une certaine ambiguïté accompagne souvent les textes de ses ouvrages, c'est plutôt l'idée d'une assimilation des soubresauts dus au hasard, qui fait que la Nature retrouve son rythme, et les êtres, y compris les humains, leurs chemins d'évolution.

[31] Michèle Chabanon, op.cit. p. 102

La rationalité accueillant ce qui est utile à être transmis aux hommes, Diderot est amené à poser la question d'une morale dépassant l'opposition de la raison et de la foi. Dans ce contexte, la sévérité dominante de son discours cède la place à la bienveillance, bien que celle-ci eût été insuffisante en son temps pour que les autorités religieuses renoncent à la violence avec laquelle elles continuaient d'agresser le philosophe.

En effet, les sciences peuvent-elles ouvrir le chemin vers le bonheur ? Pour Diderot, le doute n'est pas permis, dans la mesure où la réflexion est enrichissante de façon immatérielle et donc porteuse de sentiments d'élévation. On peut remarquer que dans un passé éloigné du Siècle des Lumières, la philosophie de Sénèque avait déjà témoigné de ce souci (cf. Prologue). Désormais, le pardon des pêchés paraît à lui seul apporter un bonheur toujours à reconquérir.

Or, chez Diderot le fait de tendre vers le bonheur grâce à la transmission scientifique, n'est guère limité à l'individu, mais concerne l'ensemble des hommes dans le cadre de la cité. Les citoyens vivent de façon « organisée » et inséparable les uns par rapport aux autres, de sorte que le bonheur fera toujours l'objet d'un partage et donc d'une ambition sociale. Ici encore, on voit poindre la désapprobation de l'Église pour qui la bienveillance de la Divinité est accordée à chacun, eu égard de ses mérites sur terre.

Ainsi, bien que l'utilité fasse figure de rationalité chez Diderot, l'interprétation portée par les sciences rejette aussi bien le dogme religieux que les mathématiques[32]. La traduction du concept sur le terrain de la

---

[32] Michèle Chabanon, op.cit, premier alinéa p. 98

concrétisation témoigne d'une dynamique originelle et en son temps audacieuse. Non, ce n'est pas une chimère...

§ 2 Historique et facettes de la notion d'utilité

Constater que l'évolution du concept d'utilité est surprenante, serait quasiment un euphémisme. En effet, le Siècle des Lumières a donné lieu, bien avant les développements philosophiques de Diderot, à des travaux nés de constatations qui pouvaient paraître dépourvues de toute logique et dont la réalité fut révélée par des auteurs qui ont marqué la route de la science économique.

Or, avant de procéder à un commentaire portant sur ses recherches, on est frappé par le fait que celles-ci ne semblent guère avoir ému les autorités religieuses de l'époque. Sans vouloir paraître cynique, il est permis d'imaginer une sorte de recul bienveillant devant des travaux scientifiques qui étaient sans doute réservés à un cercle d'initiés et échappaient de ce fait à la prise en considération au titre d'une hérésie pouvant détourner le peuple du droit chemin.

C'est au départ une lettre adressée par Gabriel Cramer (1728)[33] à Nicolas Bernoulli (neveu de Daniel) dans laquelle il fait état du « Paradoxe de Saint-Pétersbourg ». On sait que la question posée était celle de savoir pourquoi les joueurs ne mettent pas tout leur argent au Casino, sachant que mathématiquement le gain à attendre est infini. Par la suite, Daniel Bernoulli avait publié sa théorie d'utilité marginale (1738)[34]. L'échange de correspondance qui a suivi cette publication avait donné

---

[33] Gabriel Cramer, texte adressé le 21 mai 1728 à à Nicolas Bernoulli (neveu)

[34] Daniel Bernoulli (1738)

naissance à la fonction d'utilité marginale en s'appuyant sur celle de la monnaie. La théorie veut que cette utilité soit décroissante ; on mettra entre parenthèses ici la formulation mathématique divergente entre Cramer et Bernoulli.
Il arriva ici ce qui survient souvent : la nouveauté met beaucoup de temps à surgir effectivement (cf. le Paradoxe d'Allais, ci-après), de sorte que ce ne fut que dans le cadre de la théorie néo-classique que ces travaux devaient se prêter à l'élaboration de la théorie subjective de la valeur, au milieu du 19e siècle.

Même si la démarche peut paraitre audacieuse, il semble difficile de résister à la comparaison suivante : il a été dit qu'en termes de rationalité, les théories de l'école classique signifiaient une régression par rapport aux textes des philosophes grecs, notamment d'Euclide. L'interprétation de la rationalité des comportements y est en effet moins « cadrée » que ne le veulent les thèses de l'école classique, en accordant une place plus importante aux considérations de moralité, au plan individuel aussi bien que dans le contexte social de la Cité.

Au passage de l'École classique à l'École néoclassique, la théorie de la valeur objective s'efface devant la théorie subjective de la valeur. Nous sommes donc désormais confrontés à une utilité et en conséquence à une rationalité variables d'un agent à l'autre, ce qui devient troublant dans la perspective d'un équilibre général tel qu'il est alors en voie d'élaboration.

Dans les conditions posées par l'École néoclassique, comment concilier les rationalités individuelles subjectives avec un équilibre général macroéconomique certes, mais issu des comportements de la multitude d'agents ? Il est tout de même facile de comprendre que ce qui est « rationnel » pour tel agent, sur la base de ses données personnelles, ne le sera pas pour tel autre agent ayant une vie professionnelle et privée différente.

L'utile étant inséparable du raisonnable, il se pose la question de l'utilité cardinale certes, mais plus encore celle de l'utilité ordinale qui relativise les valeurs entre elles.

Hélas, nous sommes en conséquence confrontés à une seconde régression qui va des théories classiques aux théories néoclassiques : si la rationalité de l'Antiquité grecque était moins restreinte que celle de la théorie classique, la théorie de la valeur a perdu du terrain en passant de l'objectivité à la subjectivité, pour les économistes néoclassiques.

Or, au-delà du défi intellectuel se dessine celui de la concrétisation en termes de stratégies et de finalités. Ici encore, on ne peut que regretter la pauvreté du libre arbitre, qu'il se manifeste de façon individuelle ou collective. Si les stratégies se trouvent ainsi sur une voie étroite, les finalités deviennent de ce fait de plus en plus univoques, au sens d'une astreinte économique et politique, même en mettant entre parenthèses l'aspect moral.

Cependant, certains chercheurs classés habituellement comme « libéraux », se sont en fait écartés de façon importante de ces interprétations, sans pour autant réclamant un ordre public différent de celui de l'Angleterre de leur vivant.

§ 3 L'utilitarisme et les théorèmes de l'économie du bien-être[35]

** Des chemins tortueux*

Une autre voie de recherche, allant du 18e au 19e siècle, était celle de l'utilitarisme. Les Travaux sont d'abord ceux de Jeremy Bentham (1748 – 1832)[36]. La morale, l'éthique et l'économie sont étroitement liées, le bien le plus précieux vers lequel tous devraient tendre, étant le bonheur (« happiness »). L'économie du bien-être trouve ici ses racines (cf. infra)

C'est donc la recherche du plaisir qui sert de guide à l'action humaine. John Stuart Mill (1806 – 1873)[37] poursuit dans cette voie, tout en lui conférant une signification plus altruiste : l'action de l'agent est à approuver si elle se soucie du bonheur de l'ensemble des autres agents. D'autres chercheurs tels que Vilfredo Pareto défendent le même critère en lui donnant le nom d'*ophélimité*.

Au 21e siècle, l'utilité telle qu'elle est portée par le 'mainstream' traduit toujours la satisfaction qui vise une maximisation aussi appelée optimisation, le problème étant de concilier l'intérêt individuel avec l'intérêt général, sans

---

[35] Premier théorème: "Si les préférences des ménages sont monotones et s'il existe un système complet de marchés, alors toute affectation des ressources entre les agents qui est d'équilibre au sens de la concurrence parfaite est un optimum de Pareto ».

Deuxième théorème : « Si les hypothèses du premier théorème sont vérifiées et si, en outre, il y a convexité des préférences et concavité des fonctions de production, alors toute affectation des ressources qui est un optimum de Pareto peut être considérée comme une affectation des ressources d'équilibre concurrentiel, pour des prix appropriés » (Bernard Guerrien (1996), cit. pp. 174-175)

[36] Jeremy Bentham (1782)

[37] John Stuart Mill (1861)

accorder des priorités à certains agents, ou catégorie d'agents, au détriment d'autres individus ou groupes.

Ici encore, l'utilité et la raison qui héberge la rationalité, se rejoignent :

« L'idée que la raison requiert *un traitement impartial des individus correspond à des principes bien connus. Pour résoudre les questions de justice distributive, Leibniz propose la maxime suivante : 'Mettez-vous à la place de tous' »*[38]. Comme le souligne Elster en enchaînant, il restera toujours une multitude d'indéterminations quant au choix de société.[39]

Il est vrai que cette fin d'année 2019 en France se prête plus particulièrement à de telles considérations, la satisfaction des uns allant à l'encontre de la satisfaction des autres. Aider les plus défavorisés, comme le suggère John Rawls, ne serait pas toujours dans l'intérêt de la société. Cependant, *quel* serait cet intérêt ? Même en ayant recours aux formulations mathématiques les plus complexes, il s'avère impossible de construire une théorie fiable.

En dépit de cette constatation, il peut être éclairant de citer des exemples qui illustrent la signification de l'utilitarisme :

- Lorsque dans une Grande Surface, tel jour, des préposés d'une organisation charitable sollicitent les acheteurs à ajouter une certaine somme à leur panier de marchandises facturées, que ce soit sous forme d'argent ou d'un autre panier, les donateurs peuvent tirer une satisfaction du fait de donner, cette satisfaction étant à la fois la leur en vertu de la bonne action,

---

[38] Jon Elster, Le désintéressement (2009) cit. p. 74

[39] Dans la deuxième partie de l'étude, nous aurons l'occasion d'insister sur l'incertitude non probabilisable, qui rend impossible l'optimisation de l'utilité.

mais aussi celle d'avoir été observée par d'autres acheteurs, donateurs ou non.

- Aux États-Unis, donner quand on est connu pour être riche, relève d'une obligation sociale qui peut fort bien être dépourvue de toute satisfaction, à l'exception éventuellement d'être considéré ainsi comme un partenaire commercial présentable.

Pour ne pas rester sur un plan anecdotique bien qu'éclairant, il sera tenté de mettre en relief l'héritage de l'utilitarisme transmis à l'économie du bien-être.

Il a déjà été fait mention de Vilfredo Pareto[40] (1848 – 1923) dont l'ophélimité désigne une situation où ni le consommateur individuel ni le producteur individuel ne saurait améliorer sa propre situation sans porter préjudice à celle d'un autre.

En corollaire et formulé de façon plus technique, il vient que le coût marginal des ressources est égal au revenu marginal des produits ; le coût marginal des facteurs – travail et capita – est égal pour toutes les entreprises. Par ailleurs, le taux marginal de substitution est égal au taux marginal de transformation pour toutes les entreprises, de sorte que la demande est couverte par l'offre.

Or, dans la mouvance des théories de l'équilibre général, ce furent les deux théorèmes du bien-être établis par Maurice Allais dès 1945[41] pour une économie d'échanges ainsi que pour une économie de production qui constituent à ce jour les clés de voûte de la théorie néoclassique. Pour ce qui est du premier théorème, la pierre d'achoppement est d'évidence la condition restrictive qui dit qu'*en concurrence pure et parfaite*

---

[40] Vilfredo Pareto (1906)

[41] Maurice Allais (1945)

l'équilibre général est forcément un optimum au sens parétien. L'argument de l'approximation qu'invoquent les défenseurs de cette formulation semble difficile à accepter.

En nous concentrant dans le cadre de cette première partie de notre étude sur les possibilités stratégiques qu'offre l'application de la théorie toujours dominante, deux autres hypothèses au moins doivent être respectées pour pouvoir maintenir l'applicabilité du premier théorème : un sentier monotone des préférences des ménages et un système complet des marchés et donc des prix. Ainsi, la relation entre quantités et prix prétend d'être déterminée.

Le deuxième théorème du bien-être dit qu'un optimum parétien librement choisi peut toujours être obtenu à la condition d'une réallocation des dotations initiales. Qu'il soit permis à l'auteure de cette étude de ressentir ici un certain cynisme concernant une telle « réallocation » qui fait penser au facteur travail comme « variable d'ajustement ». Ceci étant, les conditions concurrentielles du premier théorème étant respectées, il faut par ailleurs que les fonctions de demande soient convexes et les fonctions d'offre concaves. Or, du moment où les offreurs opèrent avec des coûts fixes et des rendements d'échelle croissants, la concavité n'existera plus. Le cas de la non-convexité des fonctions de demande semble être encore plus frappant.

Arthur C. Pigou[42] (1877 – 1959) donna à la théorie du bien-être une tournure encore plus résolument individualiste. Ici, le bien-être de chacun dépend exclusivement de sa propre appréciation, de sorte que le bien-être de la société est constitué par la somme de toutes les valeurs individuelles.

---

[42] Arthur C . Pigou (1920)

L'auteur affirme que lorsqu'un agent obtient un surcroît de consommation ou de loisir pour le même travail, son bien-être s'en trouvera augmenté ; pour ce qui est des préférences, Pigou les classe exclusivement suivant le critère de l'utilité ordinale, les unes relativement par rapport aux autres.

Bien plus chez Pigou que chez Pareto, on doit constater une déperdition de l'éthique et donc une nouvelle régression de l'analyse. Les hommes vivent et travaillent hors du contexte social, les uns à côté des autres, si ce n'est les uns opposés aux autres.

En conséquence, on ne peut que saluer très positivement un autre courant de pensée qui s'est fait jour par la suite, appelé « La nouvelle économie du bien-être », et consacrer un commentaire particulier à son protagoniste :

** *Paul A. Samuelson*[43]

Samuelson initie la restauration de l'économie du bien-être, bien que son apport ait pâti pendant un temps d'une sorte d'oubli sinon de dédain. On verra que les thèses de Samuelson constitueront une transition bienvenue vers la notion d'utilité sociale dont il sera question par la suite.

Samuelson constate l'absence de considérations éthiques au plan des tentatives de parvenir à des fonctions d'un bien-être social. Il est à remarquer qu'il tient compte non seulement des aspects socio-économiques au sens large, mais qu'il signale autant les problèmes inhérents aux choix des agents qui peuvent être guidés par d'autres motivations que celles de la rationalité.

---

[43] Paul A. Samuelson (1947)

L'auteur fait état à de nombreuses reprises du fait qu'un jugement sociétal peut se situer à un niveau supérieur à celui de l'utilité individuelle. Il signale par ailleurs une forte tendance, de la part des économistes, à négliger les différences intertemporelles entre les générations ainsi que sur le plan des autorités publiques, et ce non seulement en fonction de l'âge des agents et de l'orientation politique du moment, mais aussi en vertu d'une évolution générale des critères et des jugements.

Ce sont alors les finalités mêmes de la société qui sont en ligne de mire. On verra chemin faisant dans quelle mesure les stratégies de la politique actuelle paraissent intégrer les composantes d'un cadre ainsi élargi.

Est-il permis d'entrevoir ici en pointillé l'argumentation de l'économie comportementale ? L'auteure voudrait attribuer à Samuelson un rôle charnière…

*** *Un bilan diviseur*

Une mise au point très riche en repères d'analyse a sa place ici : Il s'agit de la recherche d'Antoinette Baujard intitulée « *L'économie du bien-être est morte. Vive l'économie du bien-être !* »[44].
Elle situe d'emblée le rôle de l'économie du bien-être dans le contexte de l'action publique en prenant ainsi ses distances par rapport à la « nouvelle économie du bien-être ».

Les comparaisons interpersonnelles, mais aussi intrapersonnelles de l'utilité posent clairement la juxtaposition entre l'économie « scientifique » et l'économie du bien-être.

---

[44] Antoinette Baujard (2011)

Ainsi, l'économie du bien-être se doit d'examiner l'état de bonheur des hommes : « *Il n'existe pas de bornes fixes du malheur maximal ou du bonheur maximal, mais les écarts de bonheur entre différentes situations sont valables pour chacun (dans le cas de comparaisons intrapersonnelles) ou pour tous dans le cas des comparaisons interpersonnelles)* »[45].

Ceci signifie que toute interprétation normative est forcément tributaire des hypothèses posées en matière d'utilité marginale qui reflète les normes de la société et acquiert ainsi une connotation éthique.

Toujours sur le plan des comparaisons interpersonnelles, A. Baujard rappelle le théorème d'Arrow qui veut qu'étant donné la nature des préférences individuelles, toute fonction d'utilité sociale, donc tout choix social rationnel, s'avère impossible.

Or, A. Baujard défend de façon inconditionnelle la nécessité de prendre en compte les comparaisons interpersonnelles, et donc de surmonter les objections avancées par Arrow. Elle y voit la nécessité d'une requalification normative des comparaisons interpersonnelles, en rappelant l'hétérogénéité des individus et donc le recours à une personne ou institution légitimée pour procéder à des jugements de valeur concernant les utilités respectives[46]. L'auteure y voit la possibilité d'une objectivation de l'utilité, un espoir que l'on voudrait partager, sans être certain d'y parvenir.

Sur le plan de l'analyse, A. Baujard cherche une solution en opposant « l'économie scientifique » à « l'économie du bien-être ». Pour justifier ce choix audacieux, elle s'appuie sur les thèses de V. Pareto qui fait dépendre l'utilité exclusivement de l'expérience observée. En effet, on cherche en vain chez

---

[45] Antoinette Baujard, op.cit., p. 6

[46] Antoinette Baujard, op. cit., pp. 16-17

Pareto une analyse des causes et des origines. L'économie est ainsi « inféodée à la sphère matérielle »[47], en la privant de toute valeur morale, en l'associant en même temps à l'effectivité d'une contrepartie monétaire. On pourrait donc traiter de 'behaviorisme économique' toute théorie résultant d'hypothèses exclusivement observables.

Si A. Baujard accuse la théorie des préférences behavioristes d'être à la base de composantes importantes de l'action publique actuelle, il est en effet difficile de s'inscrire en faux contre une telle interprétation. Les stratégies qui se devaient par définition d'être normatives, semblent pour l'essentiel reposer sur une tendance lourde qui attend d'être révisée.

Il est donc fait appel à une épistémologie propre pour l'économie du bien-être qui permettra de prendre en compte les aspects normatifs en vue de l'action publique.

En effet, l'action publique se veut neutre, entre autres, en vertu de deux hypothèses essentielles : le surplus du consommateur et les critères de compensation. Or, sur le plan du consommateur, l'utilité marginale décroissante n'est pas avérée, que ce soit au plan matériel ou monétaire. Quant aux critères de compensation, ils ne sauraient éviter les comparaisons interpersonnelles, sachant qu'une unité monétaire possède des valeurs différentes pour différents agents.

Ainsi, outre une articulation entre le positif et le normatif, comme la souhaite A. Baujard, l'économie du bien-être doit se munir d'outils d'évaluation si elle veut être reconnue pleinement.

---

[47] Antoinette Baujard, op.cit., p . 20

§ 4 L'utilité sociale

De ce qui vient d'être dit émerge la question de l'utilité sociale, une focalisation sur l'interprétation des finalités de l'action sociale[48]. Aujourd'hui, vers la fin de la deuxième décennie du second millénaire, le contenu de l'ouvrage cité en référence garde toute son actualité.

Dans l'Avant-propos de l'ouvrage cité, Guy Cauquil souligne « la fonction démocratique de l'évaluation »[49], en s'efforçant ainsi – tant que faire se peut – d'éviter un cantonnement de la notion d'évaluation dans un contexte politique momentané. Échapper à des stratégies contradictoires devant des finalités inscrites dans le court terme relève d'un épurement conceptuel et instrumental périlleux s'adressant à l'honnêteté intellectuelle autant qu'à l'opinion publique.

En conséquence, toute action publique revêt un caractère systémique. À ce titre, les auteurs de l'ouvrage s'accordent sur le fait que la politique sociale ne doit s'inscrire dans le contexte des théories économiques classique et néoclassique prônant une maximisation de l'efficience pour un minimum de ressources déployées. Ainsi, la logique financière et les contraintes budgétaires ne sauraient dominer l'action sociale du moment, un impératif qui nourrit abondamment le débat socio-économique à l'heure actuelle. « *… l'utilité sociale ne relève (donc) pas d'une responsabilité de gestionnaire, mais d'une responsabilité de type politique* »[50].

Dans sa contribution, Hélène Duclos se réfère à « *la différence entre les finalités d'une structure et son utilité sociale* »[51]. On

---

[48] Claudine Offredi, Françoise Ravoux (Dir.) (2010)

[49] Op.cit. p. 12

[50] Contribution de Bernard Perret, op. cit.(48) p. 47

[51] Hélène Duclos, op.cit. p. 62

ne saurait qu'accueillir favorablement ce propos qui signale un nécessaire élargissement des perspectives. Néanmoins, il semble périlleux de circonscrire précisément de telles finalités : L'Université est censée offrir aux jeunes les bases d'un épanouissement intellectuel et professionnel, mais on assiste à des rétroactions qui sont à même de déplacer les jalons. Ceci peut être le fait des acteurs directement concernés, ou dû à l'impact d'externalités les plus diverses. L'évaluation des stratégies doit donc être non univoque et permanente. De sorte que la demande aujourd'hui trop présente d'un « moins d'État » risque de conduire à un rétrécissement de l'action publique.

Dans le contexte de l'analyse, l'utilité sociale se veut résolument évaluative, une voie qu'elle emprunte conjointement avec l'économie du bien-être. Or, des différences remarquables divisent par ailleurs les deux théories : comme nous l'avons mis en relief au paragraphe précédent, l'économie du bien-être a retrouvé depuis peu le bien-fondé des évaluations interpersonnelles, alors que l'investigation de l'utilité sociale semble s'en détourner. C'est ainsi que Maurice Parodi[52] fait appel aux théories néoclassiques des économistes, en rejetant leurs propos conduisant à une sommation de la maximisation, ou de l'optimisation, des satisfactions individuelles. On devrait donc considérer la poursuite de l'utilité sociale comme un catalyseur – ou incubateur espéré – des efforts entrepris sur un plan plus général et en quelque sorte soustrait à l'action individuelle. Sans utiliser le terme « synergie », Parodi fait ainsi preuve d'un « optimisme du collectif ».

Claudine Offredi résume ainsi l'orientation requise pour une vraie théorie de l'utilité sociale, en exigeant de « *Réouvrir la discussion sur la rupture épistémologique entre les niveaux*

---

[52] Maurice Parodi, op.cit. Résumé p. 199

d'interprétation de la réalité et travailler à des méthodologies d'interface »[53]. Ceci fait appel à la nécessité d'engager un nouveau langage scientifique et de s'écarter résolument de la phraséologie économique. C'est sans doute sur ce plan que la rencontre entre la théorie de l'utilité sociale et la théorie du bien-être pourra être la plus fructueuse.

Où en sommes- nous aujourd'hui quant à la concrétisation des stratégies ? Celles-ci, tout en se situant sur des terrains territoriaux et associatifs, peinent à trouver une convergence en mesure de circonvenir les indéterminations politiques du moment.

Or, même si l'utilité sociale tente de se libérer le plus possible du carcan purement matériel et donc monétaire, le paragraphe suivant s'impose du fait de l'omniprésence de la sphère financière.

§ 5 Le profil de l'utilité au plan financier

En guise d'introduction à ce paragraphe, il faut souligner la singularité du domaine de la finance dans le contexte de cette étude. En effet, si la notion d'utilité, sa signification et ses ramifications ont pu être traitées de façon relativement ciblée dans le cadre des paragraphes précédents, nous sommes confrontés ici avec un domaine d'une globalité unique, exceptionnellement évolutif et désormais flou.
Or, il peut surprendre que la thématique de la finance, à la vue de ses stratégies et finalités, ait pris une avance plutôt remarquable par rapport aux autres composantes théoriques et appliquées des structures devant servir de support à la vie économique. Si cette constatation bat en brèche l'image du conservatisme dont est généralement affublée l'activité financière, on peut en attribuer la cause à la visibilité

---

[53] Claudine Offredi, op. cit., p.263

particulièrement cruelle des « accidents » survenus dans sa mouvance, tels que la débâcle de la Société Lehmann Brothers en 2008 et d'autres signaux de détresse résumés sous le vocable des *subprimes*.

Le socle de la théorie financière reposant (encore) sur la configuration néoclassique, le support est donc celui de la rationalité. En mettant à dessin entre parenthèses les travaux des précurseurs, on peut considérer les travaux de Markowitz[54] comme le symbole de la théorie néoclassique en matière de finance.

En effet, sa théorie du portefeuille englobe des fonctions d'utilité telles qu'elles constituent encore aujourd'hui les bases dominantes de la théorie financière, bien qu'en recul depuis un temps certain (cf . les références comportementales traitées ultérieurement).

Pour ce qui est des travaux de Markowitz, ils sont parfaitement univoques dans le cadre de cette étude, étant donné que leur protagoniste est un investisseur rationnel agissant avec conviction et sans concession. Ceci étant, c'est du « chacun pour soi », de sorte que chaque agent fera preuve de sa propre rationalité.

Néanmoins, chaque investisseur est porteur d'une aversion au risque, bien qu'à des degrés divers (cf. infra). Chaque investisseur devra adapter la gestion de son portefeuille à sa fonction d'utilité, les deux critères étant en tous les cas l'espérance mathématique et la variance. En fonction de ces critères, l'investisseur (ou son conseil financier) va tracer des courbes d'indifférence qui comporteront en abscisse le risque assumé et en ordonnée le rendement espéré.

[54] Harry Markowitz (1952)

Il convient de faire mention ici de la notion d'efficience des marchés dont différents degrés ont été élaborés par Eugène Fama ; cependant, nous nous attacherons simplement à l'interprétation de la notion d'efficience en tant quel telle. En effet, un marché financier est jugé efficient s'il n'admet pas de profits 'anormaux' à la lumière des informations disponibles. L'efficience ne signifie donc pas l'absence du gain. Celui-ci, pour être 'normal', est censé être constant dans le temps, mais il peut s'agir aussi de la définition selon le Modèle d'équilibre des marchés d'actifs financiers (MEDAF).

Cette définition reste en vigueur aujourd'hui, mais n'est-elle pas au fond contradictoire devant la présence de l'aléa qu'on vient de mentionner ? En effet, si on considère que le rendement normal est prévisible sur une base informationnelle donnée, l'évolution future pâtit d'un biais. En effet, l'espérance bayésienne vise l'état des informations disponibles *à un moment donné,* mais l'introduction de la référence au MEDAF ou la référence au cours du temps engendre un raisonnement et une évaluation probabilistiques.

Rappelons que le modèle du MEDAF fait explicitement référence aux critères de l'espérance mathématique et de la variance, et à l'hypothèse que les investisseurs possèdent tous le même horizon temporel. D'autres hypothèses se trouvent abondamment commentées dans la littérature ; il nous parait néanmoins utile de souligner le fait que conformément au modèle du MEDAF tous les actifs peuvent être achetés et vendus librement sur le marché, y compris le capital humain. Cette particularité sera traitée en détail au Chapitre VIII de notre étude.

Si on accepte néanmoins comme critères, le couple variance et espérance, l'investisseur choisira sur la courbe d'indifférence représentant sa fonction d'utilité, le risque accepté pour un rendement espéré, ou il se fixera un rendement qui lui signalera alors le risque à assumer.

La construction néoclassique des fonctions d'utilité en finance a démontré au cours des décennies passées les défaillances de l'encadrement exclusivement rationnel devant les comportements observés, ce qui apparaitra à la lumière de la deuxième partie de cette étude.

Si le secteur de la finance a procédé le premier à la mise en question du paradigme néoclassique, ceci s'explique à la fois par les cataclysmes survenus, et par la disponibilité des données qui témoignent de la fragilité des tendances qu'on pense pouvoir observer.

En attendant, le Chapitre suivant mettra en relief l'inséparabilité de l'utilité de la probabilité, en tenant compte de la signification des concepts en termes de stratégies et de finalités.

Chapitre III
La Probabilité :
Des siècles de dissonances

Préambule : Du Passé au Présent

La probabilité, image de notre ignorance[55]

« ... *C'est la finitude humaine qui nous confine à une description probabiliste du monde » (ibidem).*

Avant de traiter les questions qui découlent de cette affirmation en quelque sorte résignée, il convient de mettre en relief les fondements philosophes des théories de la probabilité. Leur pluralité rend difficile une transposition vers le champ de leur action. En effet, si l'utilité interprétée par le « mainstream » ne quitte pas son ancrage dans la rationalité, la probabilité – qui la rejoint pourtant, avant tout sur le plan de la théorie financière – témoigne des limites de nos connaissances, d'une façon dispersée et diffuse.

Si au départ le concept de la probabilité n'a pas subi les accusations adressées à l'utilité au titre de la licorne et de la chimère, son image n'en est pas moins déroutante. Nous suivrons à ce propos le cadrage éclairant de Xavier De

---

[55] Xavier De Scheemaekere (2012) ; pour l'interprétation de la pensée de Pierre-Simon De Laplace, cit. p.24

Scheemaekere auquel il est fait référence dans l'ouvrage de Claudine Offredi et al. (cf. nbp. 51).

Or, avant de chercher la place de la probabilité aux abords de la rationalité, il nous faut souligner à quel point toute tentative de définition se heurte à un obstacle philosophique majeur : le caractère dual de la notion en elle-même, ayant engendré une ambiguïté non effacée à ce jour. Ainsi, la probabilité est à la fois épistémique, et donc subjective et portée par nos connaissances, et aléatoire en ce sens que son profil porte les marques physiques qui sont celles de l'objectivité.

Néanmoins, avant d'approfondir cette classification, trois précurseurs en matière des théories de la probabilité doivent figurer comme références : Blaise Pascal, Pierre-Simon De Laplace et Gottfried Wilhelm Leibniz. Si l'analyse de Pascal semble essentiellement combinatoire, s'appuyant sur les chances au jeu, on ressent souvent un tâtonnement dont les éléments seront saisis avec plus de précision par Laplace. Sans pouvoir relever ici les détails du calcul des probabilités auquel s'est livré Laplace (« Loi de Laplace »), on peut souligner sa pensée suivant l'affirmation suivante : « *La probabilité est relative à (cette) ignorance et en partie à nos connaissances* »[56]. Ceci témoigne d'une interprétation du concept clairement épistémique et donc *a priori* (abstraite).

Avant Laplace, Gottfried Wilhelm Leibniz[57] avait traité de la probabilité, en la reliant au degré de notre connaissance. Celle-ci dépend des informations dont nous disposons, ce qui peut être considéré comme une allusion désormais courante à l'asymétrie d'information dont fait état la théorie économique hétérodoxe moderne.

---

[56] Pierre-Simon de Laplace (1814)
[57] Gottfried Wilhelm Leibniz (1765)

Or, pour pouvoir aborder plus aisément les principales théories modernes de la notion de probabilité, essayons d'apprécier l'apport de la théorie dite « classique » sur le plan de la rationalité, en reconnaissant qu'il s'agit là d'un saut quelque peu périlleux : tout en nous limitant aux penseurs considérés parmi les plus profilés en la matière, il ne semble pas abusif d'affirmer que nous rencontrons ici un fond de logique porteur de croyances étayées par l'information et la connaissance, plutôt que par des idées étrangères à la réflexion.

Dans ce qui suit, on essayera de déceler les contributions des quatre grands courants de la pensée probabilistique aux stratégies en présence au plan micro- et macroéconomiques, ce qui facilitera dans la seconde partie de cette étude la mise en relief des inflexions qui paraissent s'imposer devant la toile de fond d'une rationalité toujours trop présente. De façon liminaire, on peut annoncer ici quelques surprises en comparant les théories probabilistiques de certains grands auteurs, avec leurs orientations générales.

§ 1 Quatre interprétations « modernes » de la notion de probabilité

La première théorie des probabilités à esquisser sera *la théorie fréquentielle.* Sur le plan général, la notion de probabilité est détachée de tout contexte logique de raisonnement *a priori,* pour se situer entièrement dans un cadre empirique. La fréquence des observations constitue ainsi le support exclusif de l'interprétation de la notion de probabilité, toute introduction déductive étant d'emblée écartée.

Cette théorie comprend deux branches, *la théorie fréquentielle finie* et *la théorie fréquentielle limite.*
Quant à la première, elle établit le rapport entre un nombre d'événements favorables qui se sont produits, et l'ensemble

des événements considérés. En renonçant à retracer les détails des développements, on doit conclure à une insuffisance de cette analyse ; ainsi, « *tout ce qui est arrivé a une probabilité 1, et tout ce qui n'est pas arrivé a une probabilité 0* »[58]. Même si cette constatation, comme le souligne De Scheemaekere, semble extrême, elle témoigne de la saisie catégoriquement *a posteriori* de la notion étudiée.

Devant cette carence, tournons-nous vers l'autre composante, *la théorie fréquentielle limite* dont le représentant le plus profilé est Richard von Mises (1883 – 1953)[59]. Nous rencontrons ici le terme de « collectif » qui signifie pour Von Mises une fréquence d'événements porteurs d'attributs particuliers qui les distinguent les uns des autres (tels que la taille, par exemple). La fréquence des attributs tend vers une limite fixée qui peut être variable. Or, en dépit de la stabilité de certaines séries statistiques, on aperçoit ici un certain flou de l'analyse. On peut ajouter qu'ici, comme d'ailleurs dans le cas de la théorie fréquentielle finie, les raisonnements se trouvent encombrés de l'absence de classes de référence en vue de l'attribution d'événements à venir.

La théorie fréquentielle dans son ensemble étant toujours en présence, peut-elle faciliter – ou justifier – une politique de « mainstream » avec ses stratégies et finalités ? Sans vouloir paraître cynique, on n'aurait pas tort de répondre par l'affirmative, le phénomène en présence étant celui d'une statique au mieux comparative.

Voyons ensuite, en très gros traits, *la théorie de la propension.* Au départ, le lecteur se sentira peut-être sur un terrain quelque peu familier, du fait que la théorie économique désigne par le terme de « propension » une tendance lourde, constatée à plus

---

[58] Xavier De Scheemaekere, op.cit., p.99

[59] Richard von Mises (1965)

ou moins long terme, faisant appel essentiellement aux habitudes de consommation en tant que ratio du revenu disponible.

Or, si cette rencontre d'un terme familicr ne portera pas atteinte à la compréhension du texte qui suit,
il est indéniable que la théorie de la propension en matière de probabilité est subtile et en quelque sorte « impure ». Il s'avérera que cet état de fait rend difficile son appréciation en tant que « guide » d'une politique de « mainstream ».

Karl Raimund Popper (1902-1994) guidera notre analyse qui devra faire la distinction par rapport à l'interprétation précédente. La base du raisonnement est clairement d'ordre empirique, comme dans le cas de la théorie fréquentielle, insistant au départ sur l'objectivité recherchée des événements survenus, la fréquence correspondant à la probabilité visée. Sur cette base, les démonstrations des « logiciens » et « subjectivistes » ne lui paraissent pas fausses en tant que telles, mais insuffisantes.

Or, Popper compte parmi les chercheurs, point trop nombreux, ne reculant pas devant le fait que leur pensée a évolué au fil du temps. C'est ainsi qu'il se heurte à la difficulté d'expliquer les événements uniques et donc singuliers en ayant recours à la théorie fréquentielle établie[60] qui s'avère, elle aussi, insuffisante.

Le propos de Popper se tourne alors vers le concept des conditions initiales disposées pour refléter des propensions. La fréquence devient évolutive au gré des conditions initiales qui peuvent changer : il nous semble qu'à proprement parler, on ne devrait pas attribuer les travaux de Popper à un courant, mais plutôt lui accorder une place à part.

---

[60] Karl R. Popper(1959) cité par X. De Scheemaekere, op.cit., p. 120

Au titre des conditions initiales, nous rencontrons un concept analysé en profondeur par l'un des pères de la théorie du chaos, Alexandre Lyapounov, un mathématicien russe (1857–1918), surtout connu pour ses recherches sur le plan des séries financières[61]. Bien que le contexte présent, à savoir celui d'un événement singulier, ne s'inscrive pas directement dans son domaine de recherche, il convient de signaler l'hypothèse d'une nécessaire complémentarité entre la modélisation probabilistique et la théorie du chaos, cette dernière aboutissant à l'impossibilité d'une prévision ou prédiction, autrement qu'à court terme.

Partant de ce constat, on peut établir un lien avec l'une des objections avancées généralement à l'encontre de la théorie de la propension[62] : il s'agit du théorème de Bernoulli selon lequel la fréquence relative d'un événement rencontre à long terme une limite égale à sa probabilité *a priori.*

D'autres objections importantes ont été évoquées dans ce contexte ; on se limitera ici à la question de savoir de quelle manière l'interprétation de la notion de probabilité en termes de propension pourrait faire avancer la politique actuelle, à notre avis trop prisonnière de la rationalité. Peut-on dire que les propensions de conduite de la vie des Français, du moins pour ce qui est du court terme, peuvent être considérées comme étant stables ? S'il en est ainsi, la politique économique devra agir globalement au sens d'une amélioration du bien-être. Va-t-on dans cette direction ?

Comment la notion de probabilité apparait-elle sur un plan autre qu'empirique ?

---

[61] Christine Galavielle (2007)

[62] Xavier. De Scheemaekere, op. cit., p. 134

La théorie logique comme la théorie subjective abandonnent l'analyse *a posteriori* au profit de l'analyse *a priori*, de sorte que nous entrons ici dans un monde différent, bien que diversifié.

Commençons par la *Théorie logique* : ici encore, il ne sera pas possible de rendre justice aux nombreux auteurs qui se profilent sur l'écran d'une rationalité non seulement acceptée, mais âprement défendue. Sur le plan général, la notion de probabilité est ici résolument épistémique, enracinée dans la détention de nos connaissances. Or, sous le chapeau général de la théorie logique, il sera question avant tout des analyses de John Maynard Keynes[63] .

La logique déductive de Keynes veut qu'il n'y ait pas d'opposition entre « certitude » et « probabilité », la différenciation relevant uniquement du degré de nos connaissances. Le concept très keynésien de la « croyance rationnelle » s'intègre parfaitement dans ce contexte, puisque ce sont nos connaissances qui rendent nos croyances rationnelles.

Or, dans le cadre de la discussion d'une saisie paramétrique d'alternatives, celle-ci n'est possible qu'en la présence d'une somme d'alternatives équiprobables. Cette affirmation porte le nom de « principe d'indifférence ». Il a donné lieu à des discussions très complexes dont les détails peuvent être mis entre parenthèses dans cette étude ; ils figurent chez X. De Scheemaekere (cf. nbp. 59).

En fait, le principe d'indifférence stipule la non-identification des alternatives, ainsi que leur indivisibilité. Ceci est contraire au théorème de Bayes en matière de probabilité conditionnelle qui stipule qu'on cherche la probabilité de B, connaissant A.

---

[63] Xavier. De Scheemaekere, op.cit. pages 41 - 50

Devant les répliques critiques au principe d'indifférence qui porte dans sa mouvance l'exigence de l'équiprobabilité, Keynes maintient l'essentiel du principe d'indifférence, tout en le délimitant[64] :

« Soient les alternatives $\phi(a_1)$, $\phi(a_2)$, ... $\phi(a_i)$, dont nous cherchons à établir l'équiprobabilité par le biais du Principe d'Indifférence, et soit l'évidence empirique h. Alors, la condition nécessaire à l'application du principe est que ces alternatives doivent être, relativement à l'évidence empirique, des alternatives indivisibles de la forme $\phi(x)$ ».

Ceci signifie qu'une paire d'alternatives ne doit pas admettre une subdivision de l'une ou de l'autre, en cas d'incompatibilité des parties qui en résulteraient.

Cette précision restrictive ne doit pas nous détourner de la problématique qui reste entière, en cas d'interdépendances épistémiques, souvent indéniables.

Or, s'il est certain que Keynes a disparu trop tôt pour poursuivre son œuvre déjà riche bien avant son décès en 1946, le fait est que nous constatons un hiatus important entre ses travaux en matière de probabilité et son ouvrage le plus connu, « *La Théorie générale de l'Emploi, de l'Intérêt et de la Monnaie », paru* en 1936. En effet, s'il ne s'agit pas de reculer globalement devant une démarche logique, on constate une pénétration, bien plus qu'une infiltration, d'une forte composante psychologique, désignée aujourd'hui de « comportementale », tout le long de l'ouvrage.

---

[64] Xavier. De Scheemakere, op.cit. p. 47, citant J.M. Keynes (A treatise on probability, pp. 61 – 62)

C'est ainsi que l'analyse de l'Emploi subit *« the disobidient psychology of the business world »*[65], puis concernant le taux d'intérêt, *« The effect of changes in the rate of interest is... easily superimposed on the effect of changes in the state of confidence »*[66] *;* et encore, au sujet de la monnaie : "*...the psychological attitude to liquidity and the quantity of money...*"[67] .

Il parait que Keynes ait admis en plaisantant (ou non) qu'il changeait souvent d'avis d'un jour à l'autre, de sorte que nous ne pouvons connaître précisément le cheminement de la pensée keynésienne au cours du temps, mais nous sommes en droit de saluer l'enrichissement de l'exposé, allant d'une logique essentielle vers une globalité systémique.

Jetons un dernier regard sur la *Treatise on Probability :* les stratégies du *mainstream* pourront certes l'invoquer au titre d'une stabilité des stratégies, mais ce seulement dans les limites de l'absence d'incompatibilités. Est-ce une solution ?

La quatrième interprétation de la notion de probabilité est constituée par la *théorie subjective,* essentiellement déductive et reposant sur un socle de raisonnements *a priori,* mais souvent en contradiction par rapport au propos keynésien. Ceci vaut surtout pour Frank Plumpton Ramsey[68] , commenté par X. De Scheemaekere.

C'est avant tout contre la « croyance rationnelle « que s'insurge Ramsey ; les thèses de Ramsey paraissant dans l'ensemble plus « humaines » que le raisonnement keynésien : ajoutons en marge que cette distinction, quant à sa nature, nous fait revenir

[65] John Maynard 1936) éd. MacMillan, 1961, p. 317

[66] John Maynard Keynes, op.cit.,p. 149

[67] John Maynard Keynes, op.cit, p.248

[68] Cité par Xavier De Scheemaekere, op. cit. pp. 72 - 75

sur ce qu'on pourrait appeler le « second Keynes », celui de la Théorie générale, qui met justement l'accent sur ce qui n'est que trop humain… donc peu logique !

Toujours est-il que pour Ramsey, nos capacités humaines ne font pas nécessairement appel à une logique pure. Il est vrai que dans une sorte d'homélie, Keynes fait un pas vers Ramsey en invoquant la constitution humaine et sa génétique qui apparaissent tout de même en tant que base logique de nos raisonnements.

En effet, pour Ramsey il n'y a pas de vérité objective ; il est alors difficile de jeter un pont vers l'événement survenu au titre d'une probabilité égale à « 1 ». Seule « la condition humaine » semble pouvoir fournir une justification.

La théorie subjective concernant la notion de probabilité a donné lieu à des extensions mathématiques complexes, qui peuvent rester à l'écart d'une étude axée sur les stratégies et finalités micro- et macroéconomiques présentes ou futures.

Pour clore ce paragraphe, retenons que « *Le fondement de la théorie subjective est (...) le caractère naturel du processus qui génère l'accord entre les opinions des différents individus* »[69].

En attendant, en ce début de l'année 2020, le subjectivisme émerge sur la toile de fond d'un accord souhaité entre individus et entre groupes, dont les contours se dessinent difficilement.

Pour ce qui est de la notion de probabilité et de ses multiples facettes interprétatives, les options prises pourront faciliter l'appréciation des politiques actuelles, mettant l'accent d'abord sur la probabilité en tant que telle, pour l'intégrer ensuite dans le cadre de la Théorie de l'Équilibre Général.

---

[69] Xavier De Scheemakere, op . cit., p. 84.

§ 2 La probabilité : des mises en question par le vécu

Toute action, ou tout plan d'action, est tributaire d'une philosophie, bien qu'il soit souvent porté atteinte à la signification vraie du terme. Il s'agira donc maintenant de savoir dans quelle mesure l'une ou l'autre des interprétations philosophiques de la notion de probabilité sont présentes dans les politiques économiques actuelles qui, relevant toujours largement des idées du « mainstream », ont un champ d'action en conséquence.

Pour procéder à des analyses particulières, nous avons choisi quatre champs d'investigation :

- la gestion des stocks
- les marchés financiers
- les banques régies par la BRI
- les assurances

Bien que les deux derniers secteurs soient nettement imbriqués (exemple : l'assurance de portefeuille), ils font appel à des commentaires spécifiques.

* *La gestion des stocks*

Les modalités de la gestion permettent de relier les comportements aux variantes de la notion de probabilité examinées ci-dessus.
Quatre méthodes principales peuvent être distinguées :

- La méthode de réapprovisionnement
- La méthode de recomplètement
- La méthode du flux tiré
- La méthode de réapprovisionnement à la commande

Les deux variables en présence sont la date de la commande et les quantités y figurant, les stratégies et les finalités se présentant de façon très diversifiée.

Le réapprovisionnement concerne des produits dont les quantités consommées sont régulières, de sorte que le risque d'une rupture des stocks est très faible. Cette méthode concerne donc avant tout la grande distribution, les livraisons obéissant à un équilibre supposé aussi bien instantané qu'à terme. En conséquence, l'imprévu n'apparaît pas, puisqu'il n'obéirait pas à la rationalité sous-jacente. Formulé autrement, il y a absence de contrainte ressentie.

Il s'agit ici d'une interprétation *a posteriori* de la notion de probabilité, relevant essentiellement de la théorie fréquentielle.

Ensuite, le recomplètement des stocks constitue une méthode qui peut s'avérer risquée. Néanmoins, elle est souvent utilisée au plan de produits de dimensions relativement élevées. Ici, le fournisseur croit connaître la demande au cours d'une certaine période qui peut être annuelle. Or, tout consommateur connait la frustration des délais de livraison non respectés d'équipements du foyer ou du bureau. Il va de soi que les grandes chaînes, dans ce cas comme dans le cas précédent, possèdent plus de souplesse que les commerçants individuels.

Ici aussi, il s'agit d'une interprétation *a posteriori* dont on peut estimer qu'elle relève de la théorie de la propension, s'agissant au départ d'une variante appelée précédemment « impure ». La justification est due à l'incertitude des conditions initiales analysées par la théorie du chaos, car il est difficile de savoir, ici comme dans le cadre de la théorie de Lyapounov, où placer le point de départ de ces mêmes conditions initiales.

Si la rationalité veut être maintenue, elle nous semble reposer ici sur un socle quelque peu vacillant.

La méthode du « flux tiré » est toujours en présence, mais elle fait désormais partie de l'histoire de la gestion. En effet, il y a une génération déjà, les économistes japonais examinant les problèmes de gestion, ont développé le système « just in time », traduit ainsi du japonais en anglais. En ce temps, il n'était d'abord pas évident d'obtenir des traductions basées sur la connaissance des deux langues ainsi que sur celle des systèmes de gestion des deux côtés du Pacifique. Ainsi, des malentendus étaient inévitables, le plus important étant sûrement la négligence du facteur temps dans les traductions. Or, il s'est avéré qu'au Japon on n'avait jamais destiné la méthode du « just in time » à des périodes dépassant le court terme.

Devant cette toile de fond, le système fut bientôt injustement critiqué si non rejeté. Or, si l'adaptation n'est pas aisée, ce procédé comporte des enseignements à prendre en considération.

Il nous semble que nous sommes ici en présence d'une configuration à mi-chemin entre l'interprétation *a posteriori* et l'interprétation *a priori*. En effet, il est fait appel à une grande vigilance basée certes sur l'observation, mais aussi sur ce que la Science-Fiction appelle « l'intelligence émotionnelle »[70]. Or, la « croyance rationnelle » de Keynes, au-delà du conflit qui l'a opposé à Ramsey, implique un courant non rationnel – pour ne pas l'appeler « irrationnel » – qui fait que cette méthode de gestion saurait être comparée à un exercice de trapèze.

---

[70] Cf. par exemple, Patricia Strunk (2020)

En même temps, la rationalité se heurte ici à la délimitation rigoureuse du cadre temporel, sachant que la (a) temporalité de la rationalité reste dans la discussion aujourd'hui.

La méthode du réapprovisionnement à la commande se passe d'une date fixe. Elle ne peut concerner que des fournitures exceptionnelles sinon uniques. La probabilité se soustrait ici de toute évidence à une interprétation *a posteriori,* les stratégies appliquées ayant du mal à suivre un cours équilibré.

Les stratégies et finalités passées en revue se situent sans exception au niveau de la prévision, sans engager une prospective. Ainsi, on ne s'écarte pas de la tendance lourde, ce qui proscrit une rupture par rapport aux méthodes appliquées.

Si la rentabilité reste certes la finalité première de l'entreprise, il ne convient pas de laisser trop dans l'ombre la satisfaction du consommateur, de peur qu'il ne s'évade. La pondération des variables sera fonction des rapports de force des entreprises qui se veulent rationnelles.
Ce qui vient d'être dit vaut autant pour l'entreprise publique que pour l'entreprise privée. Quel que soit le secteur d'appartenance, la distinction se fait entre la bonne et la mauvaise gestion, indépendamment du statut.

** *Les marchés financiers*

(i) L'émergence de la théorie

Au départ s'impose une esquisse des travaux des précurseurs de la théorie financière :

La publication de Daniel Bernoulli (Specimen Theoriae Novae de Mensura Sortis) datant de 1738, porte sur la maximisation de l'espérance d'utilité du patrimoine. La probabilité comme phénomène ne se dessine pas encore, ce qui vaut presque deux siècles plus tard pour I. Fisher (The Theory of Interest, MacMillan, NY, 1930), la prise de la décision d'investissement étant néanmoins essentielle pour l'évolution de la théorie financière.

La thèse de doctorat de L. Bachelier (Théorie de la Spéculation, Annales de l'École Normale Supérieure, 1900), fut à l'époque reçue sans enthousiasme par un jury de mathématiciens, avant d'être « redécouverte » au milieu du 20e siècle, faisant de lui un protagoniste de la théorie financière naissante.

Qu'il soit dit en passant que l'indépendance des variations des cours de Bourse qui accompagnent ces travaux fondateurs, appartient toujours au 'mainstream' de la théorie financière, en dépit d'expériences empiriques contraires.

(ii) L'appartenance probabilistique

H. Markowitz[71] a placé la probabilité au centre des opérations sur les marchés financiers contingents. Le fait de lui assortir le nom de « risque » ne modifie en rien le raisonnement qui part d'une sélection de titres dont les variances, les espérances mathématiques et les rentabilités sont connues des investisseurs. L'investisseur qui craint le risque optera pour un portefeuille moins risqué, mais moins rentable, et inversement pour l'investisseur plus optimiste.

On peut estimer qu'en des temps « normaux » une telle diversification du risque par regroupement des titres s'avère efficace. En effet, le modèle du MEDAF, issu de la théorie de la sélection du portefeuille, a pu offrir un certain confort aux investisseurs « raisonnables », sans pour autant pouvoir exclure un renversement de tendance.

---

[71] Harry Markowitz, op. cit.

Ainsi, étant donné la place dominante de la théorie de Markowitz et de son application, on cherchera une appartenance au sens de l'interprétation de la probabilité.

On peut être tenté d'entrevoir un rattachement à la théorie de la propension, en regardant assez loin en arrière. La fin de la Deuxième Guerre mondiale fut vite suivie d'un enthousiasme général en matière économique que la crise de Corée n'avait en rien étouffé ; au contraire, les besoins en biens de toute nature, concernant les biens d'équipement aussi bien que les biens de consommation, étaient tels qu'une rupture de la tendance lourde ascendante paraissait impossible pour longtemps.

La question de savoir où placer le point de départ d'une évolution a déjà été posée dans le contexte de l'évocation de la théorie du chaos ; s'il parait légitime de partir de la situation de l'immédiat après-guerre, elle a certes ouvert la voie aux « Trente Glorieuses », sans pour autant leur promettre une durée sans fin. De ce fait, la notion *a posteriori* ne saurait avoir sa place ici.

Ainsi, dans le cas de la théorie de Markowitz, un raisonnement *a priori* semble s'imposer. Néanmoins, il est malaisé de choisir entre l'interprétation logique de Keynes et le subjectivisme, d'autant plus que ce dernier, au sens de l'appartenance philosophique, est fort diffus : si Ramsey nie tout objectivisme en rattachant la vérité aux convictions subjectives, d'autres courants rejettent l'association entre la probabilité et le risque.

Le lecteur constate que l'attribution du fonctionnement des marchés financiers en termes de théorie des probabilités est complexe : le raisonnement *a priori* est acquis, mais le doute peut rester entre la logique keynésienne et différentes formes de subjectivisme. Néanmoins, en s'adressant à l'ensemble de l'œuvre Keynes, nous voudrons nous rallier à son interprétation personnelle< ;

(iii) Repères d'état des lieux

Dans l'intérêt d'un recentrage de la théorie des marchés financiers, il sera fait référence à l'exposé de Gérard Charreaux[72], sachant que des avancées ont entretemps eu lieu, par des tentatives d'adaptation de la théorie néoclassique à des théories telles que la théorie de l'agence, la théorie des organisations, et la théorie stratégique de la structure de financement. Néanmoins, une rupture définitive est en attente, étant considérée comme… risquée !

Si à l'heure actuelle un nouveau paradigme se dessine, il se heurte principalement aux idées suivantes :

- les probabilités subjectives dans l'incertain qui accordent à chaque agent économique sa propre rationalité,
- la décision individuelle orientée vers la maximisation du gain à court terme,
- les anticipations rationnelles devant aboutir à un consensus en dépit de l'individualisation des choix opérés,
- l'efficience des marchés reposant sur l'accès parfait à l'information, partant du raisonnement que la numérisation aurait mis fin aux obstacles.

En ce qui concerne plus particulièrement ce dernier point, en pareil cas le cours actuel d'un titre serait égal à l'espérance mathématique du cours futur.

Or, si les processus aléatoires sont continus, le Modèle d'Évaluation des Actifs Financiers (MEDAF) se heurte à des

[72] Gérard Charreaux (2006)

contradictions, pour ne pas parler d'invraisemblances. En poursuivant le raisonnement, il faut remarquer que la théorie des probabilités, quelle que soit la notion philosophique retenue, est une théorie de la rationalité normative.

On doit constater que la rationalité des comportements reste ancrée chez les agents sur le plan de la théorie dominante. Celle-ci s'efforce de considérer des faits divergents comme des accidents de parcours encastrés dans le tunnel de la boîte noire des comportements rationnels.

Ainsi, le modèle traditionnel de l'équilibre des actifs financiers a toujours des défenseurs, en dépit de ses failles majeures : les anticipations des investisseurs sont point homogènes, il est fait abstraction de la fiscalité en supposant en outre un libre accès à l'information (« libre » signifiant sans entraves qu'à titre gracieux, alors que des limitations persistent à ces deux niveaux).

À partir d'ici, et avant d'évoquer le secteur bancaire dans toute sa complexité, il nous semble opportun de dessiner les délimitations entre la probabilité, l'incertain et l'incertitude. Bien que ces considérations doivent avoir une portée générale, elles semblent concerner plus particulièrement le domaine financier. En effet, la théorie dominante des marchés financiers n'est-elle pas victime au départ d'une assimilation des trois concepts, au plan opérationnel ? À ce propos, un texte de Dominique Deprins[73]montre la voie de la compréhension, sinon de l'action :

« Un risque peut être maîtrisé en l'identifiant puis en l'évaluant au moyen de la probabilité ; l'incertain peut être identifié, mais ne peut être évalué... Ce que nous redoutons, ce qui nous fait peur a toujours un objet identifiable... On peut

[73] Denis Deprins (2010) cit. p. 28

ainsi, tout au plus, maîtriser le prévisible par la probabilité et se préparer à l'imprévu. L'incertitude, quant à elle, concerne ce qui échappe à notre représentation et dès lors ne peut être identifié : aucune évaluation ni aucune quantification ne sont alors possibles, n'en déplaise à notre vision mathématique du monde et des certitudes qu'elle confère, certes au prix d'une nature réduite au silence ».

Il nous semble que l'ogre de la probabilité qui a fait tant de mal aux marchés financiers, devrait les quitter… mais en échange de quoi ? De l'incertain ? En économie libérale, la réponse reste à trouver.

Le beau texte de Dominique Deprins ne poursuit pas plus loin la question de l'identification, pour savoir notamment si elle doit être vue sous un angle atemporel, *a priori* ou *a posteriori.* Là encore, des idées devront faire leur chemin.

En attendant, admettons que si les marchés financiers comportent de l'imprévu et donc de l'identifiable, on se rapprochera davantage du concept du risque en examinant les particularités du secteur bancaire.

Avant d'y procéder, rappelons la question majeure de cette étude : la rationalité sur le plan des stratégies et finalités micro- et macroéconomiques, aussi bien publiques que privées. Sur les marchés financiers, l'intégration de l'imprévu dans les comportements serait peut-être à même de rendre la boîte noire de la rationalité un peu plus pénétrable.

****Les Banques régies par la BRI*

- La configuration en vigueur jusqu'au printemps 2020

Bien avant la crise de 2007/2008 le besoin d'une réglementation internationale des relations bancaires s'était fait sentir, pour être traité par le Comité de Bâle sur le Contrôle Bancaire, une émanation de la Banque des Règlements Internationaux (BRI).

Il ne saurait s'agir ici de retracer l'historique des deux premiers accords, Bâle I et Bâle II, dont l'insuffisance avérée lors de la crise avait conduit à la Conclusion de Bâle III, le 10 décembre 2010. Or, devant les failles manifestes de la rédaction de 2010, une « Finalisation de Bâle III »[74] eut lieu en 2017, en vue d'une meilleure sensibilité aux risques encourus par le secteur bancaire en étroite relation avec les impacts sur l'économie réelle, avant tout celle des entreprises.

Dans le contexte présent, on s'intéressera à la question de savoir quelles sont les ouvertures qu'offre ce nouvel accord en matière de stratégies financières. Les nouvelles valeurs de référence seront-elles à même d'empêcher pareille débâcle à l'avenir ?

À ce propos, on retiendra trois repères qui permettront d'apprécier cette nouvelle configuration :

- Les ratios de liquidité
- L'effet de levier
- Les besoins en fonds propres

On évoquera également la question du traitement et de l'adaptation des modèles internes des banques en matière d'appréciation du risque.

(i) Deux ratios de liquidité ont été fixés :

Le LCR (Liquidity Coverage Ratio) et le NSFR (Net Stable Funding Ratio). Le LCR doit permettra aux banques de résister à des crises aiguës pendant un mois ;

[74] Finalisation de Bâle III (2017)

Les réserves de liquidité (HQLA – High Quality Reserve Liquid Assets) ; il s'agit du Cash et les Titres d'État avec une pondération à 100 %, et de nombreux titres de prêts et de dépôts avec des pondérations inférieures.

Cette protection « dans l'urgence » a été résumée sous la forme du coefficient suivant :

LCR = stock de HQLA/sorties totales nettes de cash > 100 %
La nouvelle version des textes de 2017 prévoit un coefficient supérieur pour les grandes banques d'importance systémique.

Il est par ailleurs évident que l'ensemble de ces titres ne possède pas la même valeur d'un pays à l'autre ; les règles détaillées de la nouvelle version visent à assurer une meilleure comparabilité.

Le NSFR doit mettre les banques à l'abri d'une crise spécifique pour une durée d'un an :

NSFR = Montant disponible de financements stables/Montant requis de financements stables > 100 %
Le souci de comparabilité vaut comme dans le cas des LCR.

(ii) Concernant l'effet de levier, le texte de 2017 introduit un coefficient dont le dénominateur est résolument nouveau :

Ratio de levier = Fonds propres Tier 1[75]/Expositions avec le hors bilan (dont dérivés, répos et autres cessions temporaires de titres) >3 %

Le dénominateur avait posé un problème majeur sur la base de la version de 2010, du fait de la non-intégration du hors bilan dont on savait pourtant qu'il avait été à l'origine de la crise des

[75] Tier 1 : essentiellement le capital social plus les réserves non distribuées

subprimes aux États-Unis. On imagine l'effort de persuasion qu'il aura fallu aux Européens pour que leurs homologues américains veuillent bien accepter cette modification essentielle. Ici encore, des règles plus sévères s'appliquent aux banques systémiques.

(iii) Les besoins en fonds propres constituent certainement la pierre d'achoppement majeure de la configuration de Bâle III. Il semble à ce sujet permis de commencer par les événements anecdotiques d'octobre 2007 :

On sait que l'effondrement bancaire systémique a été déclenché par la faillite de Lehmann-Brothers ; contrairement à d'autres cas (Bear Steams et AIG, notamment) le dicton « too big to fail » n'a pas pu servir de bouée de sauvetage. Pourquoi en fut-il ainsi ? Il faut rappeler à ce sujet que le *Federal Reserve System* (FED) joue les pompiers de service lorsqu'elle estime qu'elle va *in fine* être remboursée. Or, il y aurait eu un doute dans le cas présent, pour insuffisance de collatéraux. Entretemps, des chercheurs américains ont mis en question ce raisonnement en arguant que ces mêmes collatéraux avaient été sous-évalués.

Une seule explication s'offre alors : des pressions se seraient exercées au niveau de la FED, venant du Secretary of the Treasury (ministre des Finances des États-Unis de l'époque). Or, le raisonnement économique s'arrête là où d'autres considérations entrent en ligne de compte, de sorte que les stratégies économiques cèdent le pas aux stratégies politiques – qui, en passant soit dit, comportent souvent des composantes personnelles.

La définition de 2017 est ici la suivante :

Fonds propres réglementaires/Actifs pondérés par les risques $\geq 6\ \%$

Les Fonds propres comprennent le Tier 1 (cf. ci-dessus) ainsi que le Tier 2 (la dette subordonnée et les réserves générales pour pertes sur prêts. Désormais, le ratio minimal de fonds de Tier 1 passe de 4 % à 6 %.

Le document de 2017 comporte une rédaction très détaillée de la couverture des risques de crédit, de marché et opérationnel.

Dans le contexte de notre étude, il convient de citer *in extenso* une phrase du document visant les « RWA » (risk weighted assets) :

« Pour déterminer la quantité de fonds propres qu'une banque devrait détenir en vue de faire face à des ***pertes imprévues,*** *la valeur de l'actif (exposition) est multipliée par la pondération retenue en fonction des risques ».*

Le lecteur aura remarqué la mention en gras des « pertes imprévues ». Il y aurait donc des pertes « prévues » ?

Or, le texte parle explicitement d'une « réduction des probabilités d'une faillite ». La question posée est donc la suivante : un imprévu peut-il être probabilisé ? On revient alors aux définitions de D. Deprins
(cf. supra), concernant la différenciation entre ce qui est évaluable parce que probable, et ce qui ne l'est pas en étant seulement identifiable.

Un autre problème important est celui des modèles d'évaluation internes.

En effet, le texte de 2010 avait offert aux institutions bancaires la possibilité de remplacer les approches standard (SA pour « standard approach ») Selon le SA, ce sont les autorités de contrôle qui déterminent les pondérations à apporter par les banques à leurs expositions respectives. Or, les banques avaient voulu développer des modèles plus favorables au plan interne, ce qui avait conduit à des disparités difficilement acceptables.

Désormais, les modèles internes ne doivent plus être inférieurs à 72,5 % des actifs pondérés calculés sur la base des approches standard. L'avantage (supposé !) des banques grâce à l'utilisation de leurs propres modèles est donc limité à 27,5 %.

Or, même en admettant la probabilité en vue du calcul, il se pose la question de la Loi de probabilité à utiliser. À notre connaissance, la fonction uniformément utilisée, est celle d'une Loi de Gauss centrée réduite, c'est-à-dire de moyenne zéro et d'écart-type 1. Néanmoins, rien ne permet d'exclure d'autres fonctions de probabilité éventuellement mieux adaptées à ce contexte, les événements extrêmes devenant de moins en moins rares, de sorte qu'une loi de puissance semblerait mieux adaptée.

Au demeurant, les autorités de contrôle ont accordé un délai assez conséquent aux banques, pour que les adaptations aux nouvelles normes puissent se faire : généralement, la nouvelle réglementation ne deviendra obligatoire qu'au 1er janvier 2022.

Pour ne pas perdre de vue les stratégies possibles à partir du contexte actuel, on peut se tourner conjointement vers les marchés financiers et le secteur bancaire : les volontés sont-elles orientées vers- une rationalité traduite en action ?

Pour ce qui est du concept de l'appartenance concernant les théories des probabilités, nous sommes certainement dans un contexte *a priori,* proche du courant keynésien. La question centrale est celle de la signification pour la vie des citoyens dont le Bien-Être est censé être la préoccupation majeure des autorités responsables. Leur rationalité est-elle actuellement bien guidée ?

- L'ébranlement de « Bâle III »

Nous voudrions faire appel ici à l'image de la Licorne que la mythologie voit souvent porteuse d'un rayon de lumière, mais insaisissable.

On sait que l'édifice des mécanismes construit dans le cadre de Bâle III fut balayé en l'espace de quelques semaines par ce qui ne devait pas intervenir et qui s'est produit tout de même.

La bataille diplomatique fait rage devant la nécessité de sauvegarder l'Europe et la maintenir laborieusement sur le socle de ce qu'elle fut, et la difficulté de faire partager la souffrance qui pèse plus douloureusement sur certains que sur d'autres. La cure d'austérité extrême imposée à la Grèce à partir de 2009 semble difficilement transposable sur une grande partie des 27 pays.

Avant les événements récents, on a pu faire référence au « cygne noir » d N.N. Taleb (cf. infra) pour désigner un contexte « invraisemblable », mais point exclu. Ce qui se passe aujourd'hui se soustrait à l'imagination. À l'opposé des catastrophes humaines de la fin de la deuxième guerre mondiale en Asie ou du « 9/11 » de 2001, la BCE comme prêteur en dernier ressort pourra faire office de « guérisseur », pourvu qu'elle fasse vite.

**** *Les Assurances*

- Principes d'action et réflexions « d'avant »

Contrairement aux situations précédentes, l'évaluation se profile ici nettement, au sens d'un événement qui pourra se produire, ou ne pas se produire, et contre lequel une protection peut être acquise.
Cette protection prend la forme d'un transfert du risque, ce qui n'était pas le cas dans le cadre des marchés financiers ni dans celui des relations bancaires, abstraction faite pour les banques du prêteur en dernier ressort qu'est la banque centrale.

Il est à remarquer au départ que le secteur de l'assurance constitue un des piliers de la croissance du PIB, de par l'encouragement qui en émane et la solidité qu'il procure, en cernant l'aléa.

Concernant les multiples mécanismes du fonctionnement des contrats d'assurance, ils ne modifient pas la probabilité de la survenance du risque, à l'exception de l'aléa moral. Il s'agit alors d'une anticipation du risque par l'assuré, et donc d'une situation biaisée.

L'assureur étant un agent économique dans le contexte d'une économie de marché, il vise naturellement la réalisation d'un bénéfice grâce à ses activités, de sorte que la prime payée par le souscripteur du contrat doit être égale ou supérieure à la probabilité du sinistre multipliée par le coût estimé par l'assureur, dans le cadre de ce sinistre. Grâce à la mutualisation des contrats visant des risques similaires, l'assureur peut, en ayant recours à la loi des grands nombres, connaître approximativement la valeur des sinistres potentiels ainsi réunis.

Tout en gardant à l'esprit la différenciation entre identification et évaluation, il est intéressant de constater une inversion des comportements entre le secteur bancaire et celui des assurances : les assureurs couvrent leurs provisions techniques par des placements liquides peu risqués, alors que les banques financent les prêts longs par des dépôts à vue. Néanmoins, les assureurs ont le droit, depuis le début des années 1990, d'effectuer des placements sur les marchés financiers, ce que la réglementation ne permettait pas préalablement. Les détenteurs de portefeuilles peuvent à leur tour se tourner vers les assurances, ce qui est devenu une pratique courante.

Étant donné les limites de leurs capacités, les assureurs concluent des contrats de réassurance pour faire face à des risques majeurs, un aléa en termes de probabilité qui ne crée pas de capacités nouvelles et se retrouve nécessairement au niveau des primes.

La distribution des fréquences des sinistres conduit les assureurs à gérer leurs affaires sur la base des lois telles que la loi binomiale, la Loi de Poisson et la Loi de Gauss, suivant la nature des sinistres couverts et la composition du portefeuille dont ils fixent les paramètres.

Suivant la nature de distribution des sinistres, on distingue les fonctions qui sont approximées par une loi exponentielle, et celles pour lesquelles les lois hyperboliques sont les mieux adaptées.

Mentionnons au titre des lois exponentielles la loi log-normale qui tient certes compte des valeurs assez éloignées de la moyenne, sans pour autant s'adresser ne serait-ce qu'approximativement, aux valeurs extrêmes[76].

[76] Daniel Zajdenweber (2006) pp. 17-30

L'objectif n'étant pas ici de détailler la problématique des distributions qui ne possèdent pas d'espérance (moyenne arithmétique pondérée par les probabilités des valeurs respectives) ni de variance (moyenne des carrés des écarts), il convient de souligner la difficulté particulière présente en cas d'absence de borne supérieure. Comme le dit Nassim Nicolas Taleb, l'éditeur ne peut savoir si un livre sera un succès totalement inespéré, alors qu'un conflit armé peut tuer un pourcentage de personnes de la planète absolument impossible de connaître d'avance[77].

En faisant appel ici encore aux interprétations de la théorie des probabilités, si le raisonnement est nettement *a priori,* on peut le voir plus proche de Ramsay que de Keynes, plus subjectiviste que logique ; en témoignent les erreurs importantes commises par des assureurs, les autorités ayant dû les secourir dans l'intérêt des citoyens-victimes.

- L'appréciation *a posteriori*

Ici comme dans le cas des banques, la polémique supplante souvent une réflexion mieux fondée. Or, à ce jour nul ne peut savoir si les montants auxquels auront à faire face les assurances dépasseront tout ce qui a pu se produire par le passé, mais il s'avère déjà nettement que l'État devra prendre la main, et elle ne sera guère invisible.

E matière d'assurance, ce sont prioritairement les entreprises, grandes, moyennes et petites qui souffrent. Dans l'immédiat, ce sont les aides de trésorerie de l'État qui devront empêcher de nombreuses faillites. Les entrepreneurs les attendent avec impatience. Il est permis d'ajouter qu'un chômage durable porterait en outre atteinte aux perspectives électorales de 2022.

---

[77] Nassim Nicholas Taleb (2007) p. 236

Depuis peu, des assurés font valoir la nécessité de diminuer les primes pour l'année en cours, étant donné que le nombre d'accidents a baissé de façon importante. Devant l'incertitude de l'évolution à court et à moyen terme, les assureurs ne sont guère enclins à donner suite.

Pour rester avec notre image, ici encore la Licorne a évincé le cygne noir.

§ 3 De Knight à Ellsberg : Risques et Incertitudes

Au-delà des événements récents, la stabilité des théories applicables à l'assurance subit une mise en question globale, quels que soient la gravité des sinistres ou les nombres concernés. En effet, Frank H. Knight a analysé dès 1921 la nature très diversifiée de l'aléa, pour constater que la fonction de probabilité à laquelle appartient un événement n'est pas toujours connue[78]. La théorie logique de Keynes suggère des conclusions similaires. Dans la pratique de l'assurance, il s'agit depuis assez longtemps de situations provoquées par des technologies innovantes avec en corolaire les pathologies qu'elles peuvent provoquer à plus ou moins long terme. En pareil cas, la logique tend naturellement vers une augmentation des primes… Revenons un instant au paragraphe précédent : la probabilité inconnue peut mathématiquement être nulle – serait-ce encore la Licorne qui agiterait sa queue ?

Si les assureurs parlent alors « d'ambiguïté », ceci nous renvoie au problème de la nature de l'incertitude, interprétée entre autres par Clarence Irving Lewis et Johannes von Kies[79].Dans le contexte de notre étude, on fera à une configuration qui porte le nom de « *Paradoxe d'Ellsberg* ».

---

[78] Frank H. Knight, Risk (1921) (Partie III, Chapître VII)

[79] Cf. Xavier de Scheemaekere, op.cit. pp. 50 - 60

Nous estimons que le nom à lui seul suggère ce qui paraît comme irrationnel, et donc « paradoxal ».

« Risk, ambiguity and the Savage axioms », publié par Daniel Ellsberg en 1961[80], possède une portée qui va certes au-delà du secteur de l'assurance, alors que c'est dans ce cadre que sa signification économique peut être considérée comme particulièrement importante.

L'ouvrage d'Ellsberg combine la rigueur de l'analyse avec la vertu pédagogique ; les questions posées sont les suivantes :

- Y a-t-il des incertitudes qui ne sont pas des risques ?
- Si oui, quelles sont les incertitudes qui ne sont pas des risques ?
- Pourquoi des incertitudes peuvent-elles ne pas être des risques ?

Quant à la première question, l'auteur émet l'hypothèse qui veut que les agents économiques agissent souvent « comme si » ils étaient capables d'attribuer des évaluations numériques aux probabilités d'un événement, même lorsque de telles probabilités subjectives se soustraient à une évaluation numérique effective. Sans trop forcer la comparaison, nous sommes donc ramenés aux « degrés de croyance » keynésiens, conformément à son interprétation de la théorie logique des probabilités. Ainsi, pour l'agent « rationnel » toutes les incertitudes pourraient être réduites en risques[81], l'erreur ne pouvant être exclue.

Or, l'auteur souligne le fait que les agents n'ont pas toujours le loisir de se convaincre qu'en tant qu'individus rationnels,

---

[80] Daniel Ellsberg (1961) pp. 643 - 669

[81] Daniel Ellsbeg, op.cit., p. 645 avec renvoi (3) en bas de page

ils sont amenés à prendre des décisions conformes à cette rationalité, au sens de l'axiomatique de Savage.
Il est presque touchant de lire une sorte de consolation chez Ellsberg : il ne s'agit pas de vouloir venir à bout de toute rationalité des comportements, mais simplement de faire accepter des « non-probabilités » et leur accorder le droit d'exister.

Quelles sont donc ces incertitudes qui ne sont pas des risques ?

Ellsberg s'est livré à un nombre impressionnant d'expériences impliquant des choix qui indiquent que les personnes n'agissent pas régulièrement en conformité avec l'axiomatique rationnelle lorsqu'elles ont à choisir entre différentes boules provenant d'une ou de plusieurs urnes. En effet, confrontées avec les raisons de leurs choix, certaines admettent la violation de l'action rationnelle en invoquant des critères (purement) normatifs, mais de nombreuses personnes non seulement reconnaissent leurs choix comme intuitifs, mais les maintiennent devant l'objection de la rationalité.

Il est vrai aussi que des individus se sentent parfois honteux du fait de leur irrationalité manifeste. Or, ici comme dans la vie en général, avoir honte ne conduit pas nécessairement à un changement de cap.

En conclusion, les incertitudes qui ne sauraient être assimilées à des risques, sont celles qui font le plus souvent appel à l'intuition.

Voyons maintenant les raisons pour lesquelles des incertitudes peuvent conduire à de tels comportements.

Les expériences d'Ellsberg indiquent que les personnes qui « violent » les axiomes traditionnels des choix effectués, ne s'écartent pas de la rationalité « *en vertu des deux facteurs utilisés habituellement pour déterminer une situation de choix, la désirabilité relative des résultats positifs possibles et la vraisemblance relative des événements les concernant, mais en vertu d'une troisième dimension du problème du choix : la nature de l'information que l'on possède de la vraisemblance relative des événements à venir. Ce dont il s'agit pourrait être appelé l' 'ambiguïté' de cette information, une qualité dépendant de la quantité, de la nature, de la fiabilité et de l' 'unanimité' de l'information motivant un degré de 'confiance' en appréciant des vraisemblances relatives* »[82].

Tout économiste connait la problématique de l'information que le modèle classique de l'équilibre général veut également disponible pour tous les acteurs, et ses faiblesses inhérentes. Dans le contexte présent, il convient avant tout de tenir compte des conflits d'opinion et des preuves disponibles. L'ambiguïté est certes une variable subjective, mais certains critères objectifs interviennent, par exemple en reconnaissant l'insuffisance de l'information disponible.

Sur un plan plus général, les préférences manifestées se trouvent, selon le Paradoxe d'Ellsberg, en contradiction avec la théorie de l'utilité, quelle que soit la fonction d'utilité. La problématique de l'utilité a déjà été évoquée et se retrouvera dans le cadre de la critique du modèle de l'équilibre général.

Placé sur le terrain de l'assurance, le Paradoxe d'Ellsberg fait appel à des fonctions de probabilité inconnues qui donnent lieu à des primes augmentées, comme il a déjà été constaté. Or, lorsqu'une fonction de probabilité est inconnue, il s'agit d'un manque d'informations. L'ambiguïté doit alors céder le pas à l'intuition.

---

[82] Daniel Ellsberg, op.cit. p. 657, traduction par l'auteur de l'étude.

L'assureur sera donc enclin à souscrire des contrats s'appuyant sur une probabilité faible, mais connue, plutôt que de suivre « le bon sens » que semble dicter la rationalité, mais dont la probabilité se soustrait à une évaluation.

En d'autres termes, l'assureur assure des risques et donc des événements aux probabilités connues ; son aversion s'adresse à l'ambiguïté synonyme ici d'incertitude

Chapitre IV
Le modèle de l'équilibre général – État des lieux

§ 1 Les bases du modèle

En guise d'introduction, quelques réflexions quant au concept de modèle en lien avec celui d'équilibre[83] :

« *On peut prévoir de quelle façon le modèle réagira en cas de modification d'un de ses éléments ; cette prévision en quoi réside la* ***transparence*** *théorique du modèle, est évidemment liée au fait qu'il est intégralement monté..., en sorte que l'opacité attribuable au réel en est absente. De ce point de*

[83] Alain Badiou (2007)

vue, le modèle n'est pas une transformation pratique du réel, de **son** *réel, mais il appartient au registre de l'invention pure, il est doté d'une 'irréalité' formelle »*[84].

« ... le modèle unifie extérieurement une politique économique, la légitime, et occulte sa cause comme sa règle »[85].

« L'équilibre, c'est la règle de sécurité contre l'exacerbation des contradictions, et le risque politique d'une montée aux extrêmes de la lutte des classes »[86].

Au sujet du modèle de l'équilibre général, sans doute le plus débattu de la science économique, tout n'aura sans doute jamais été dit. À la suite des travaux précurseur – Walras 1874 – 1877[87], Von Neumann 1928 – 1937, Stackelberg 1933 -, la configuration de référence du modèle de l'équilibre général repose aujourd'hui essentiellement sur la formalisation de Kenneth Arrow et Gérard Debreu, de 1954[88].

C'est d'abord dans ce contexte que nous allons examiner les bases du modèle, pour nous orienter ensuite vers l'évolution dont il a fait l'objet depuis lors.

---

[84] Alain Badiou, op.cit. p. 54

[85] Alain Badiou, op.cit. p. 57

[86] Alain Badiou, op.cit. p; 56/57

[87] La "Loi de Walras" stipule que toute demande excessive positive sur un marché est compensée par une demande excessive négative sur un autre marché. Au prix $p \geq 0$, les consommateurs ont le libre choix de consommer en vue de la maximisation de leur utilité sous contrainte budgétaire, et la production des entreprises implique la maximisation de leur profit. L'élaboration de la Loi de Walras témoigne de la prise en considération de la monnaie, au titre d'actifs destinés à une consommation future.

[88] Kenneth Arrow et Gérard Debreu (1954) pp. 265-290

§ 2 L'Apport du modèle

Il est entendu qu'en l'absence d'une argumentation structurée et se voulant opérationnelle, le modèle de l'équilibre général aurait fait long feu. Or, il a élargi les bases de la réflexion et incité à tester l'opérabilité.

L'ancrage de l'analyse constitué par les acquis de la microéconomie fournit un support permettant de saisir les interdépendances et les rétroactions. La cohésion interne ainsi établie conduit au traitement de questions de politique économique au plan macroéconomique, notamment dans le domaine fiscal en vue d'une simulation des effets redistributifs pouvant en découler du fait des prix des facteurs de production, capital et travail. Ceci constitue un avantage important par rapport à l'analyse en équilibre partiel.

La flexibilité du modèle permet sa désagrégation et ainsi l'étude des impacts différenciés des mesures prises au plan global, ou de chocs exogènes frappant plus spécifiquement différents secteurs. Des distorsions ou défaillances des marchés peuvent ainsi être analysées d'un point de vue structurel.

En outre, la conception du modèle de l'équilibre général permet une analyse travaillant avec des nombres, différente de l'analyse différentielle qui, de par sa nature même, doit avoir recours à l'évaluation de changements souvent minimes, ce qui peut être très peu satisfaisant pour connaitre les effets des mesures prises dans le cadre de la politique économique.

§ 3 Les limites du modèle

* *Les jalons*

Bien que les hypothèses du modèle Arrow-Debreu figurent avec leurs limites dans une abondante littérature de science économique, il convient de les relever succinctement, pour pouvoir retracer leurs interprétations et évolutions intervenues entre temps.

- L'analyse est statique, de sorte que les revenus et les préférences sont constants ;
- Les marchés des facteurs et des biens sont parfaitement concurrentiels ;
- Les facteurs possèdent une mobilité parfaite quant à leur emploi et aux lieux d'utilisation ;
- Les rendements d'échelle sont constants ;
- La structure des coûts est identique pour toutes les firmes, il règne une homogénéité parfaite ;
- Les techniques de production restent inchangées ;
- Toutes les ressources en termes de facteurs de production, capital et travail, sont pleinement utilisées ; en conséquence, la demande globale est égale à l'offre globale, de sorte qu'il y a ni pénurie ni stockage pour les biens, et ni pénurie ni chômage pour le facteur travail ; il y a ni pénurie ni surabondance du facteur capital ;
- Ainsi, aux prix en vigueur et donnés, les consommateurs maximisent leur satisfaction et les producteurs leur profit. Il s'ensuit que l'utilité marginale est toujours égale au prix, puisque la dernière unité utilisée coûte autant qu'elle rapporte.
- Les agents sont supposés être rationnels, de sorte que leurs préférences sont connues et peuvent être quantifiées ;
- Les agents agissent indépendamment les uns par rapport aux autres en vertu d'un individualisme méthodologique, ils sont parfaitement et complètement informés de toutes les données pouvant les concerner ; ici, il faut préciser que l'école de

Lausanne n'accepte pas ce postulat et opte pour une rationalité généralement plus faible, proche de la Théorie de l'Agence.
- Si l'analyse microéconomique conduit à un ensemble cohérent (cf. supra), les effets collectifs ne sauraient être déduits des seules interdépendances.

Or, des recherches datant en partie d'avant la formalisation par Arrow et Debreu en 1954, et des mises en question de certains aspects particuliers qui ont eu lieu depuis lors, accompagnent aujourd'hui le modèle de l'équilibre général. Il conviendra de mettre en relief certaines parmi elles, pour poser ensuite la question de savoir si ce modèle constitue toujours « le camp de base » de la théorie néoclassique[89] dont Léon Walras fait figure de fondateur.

À la suite de ce relevé, il se pose la question des stratégies possibles à la lumière des finalités visées, *pourvu qu'on veuille toujours épauler le modèle de l'équilibre général.*

Rappelons avant d'y procéder qu'un modèle n'est jamais neutre, comme l'a souligné Alain Badiou. En témoigne l'omniprésence de la rationalité que les tenants de la théorie dominante n'ont pas abandonnée à ce jour.

** *La fonction Cobb-Douglas : Illustration des limites du modèle et analyses générales*

Cette fonction fut présentée en 1928 par deux chercheurs américains, Charles Cobb et Paul Douglas[90]. Son analyse appartient au courant néo-classique impliquant la rationalité du comportement des producteurs comme celle des consommateurs.

---

[89] Jean-Sébastien Lenfant (2010) ; Citation p.2 du Pre-print de l'article.
[90] Charles Cobb, Paul Douglas (1928)

Rappel : La fonction est définie de la façon suivante : $Y = c K^{\alpha} L^{\beta}$ où Y, K et L représentent les quantités respectives de la production, du capital et du travail, alors que c, α et β sont des constantes dont le niveau dépend du degré de développement industriel du pays ou de la région considérés.

La fonction se situe dans le cadre de la concurrence pure et parfaite ; les coefficients α et β correspondent aux rémunérations du capital et du travail. Or, l'objection immédiate concerne le caractère prétendument permanent de cette répartition, incertain à l'époque du développement de la fonction aux USA, et plus encore partout dans le Monde de nos jours.

Le même raisonnement vaut dans le contexte des rendements d'échelle : pour les auteurs, le cas typique est celui des rendements d'échelle constants, ce qui veut dire que si $\alpha + \beta = 1$, un doublement des facteurs conduit à un doublement de la production obtenue. Or, à l'âge des ordinateurs dont les coûts d'acquisition ne cessent de baisser, on peut émettre l'hypothèse qu'un doublement de la somme des inputs permettra d'obtenir plus qu'un doublement de l'output À l'inverse, pour obtenir une production augmentée, il ne semble pas nécessaire de faire varier la somme des coefficients α et β, en supposant que la part du capital aura tendance à l'emporter au détriment de celle du travail.

Avant de procéder à une appréciation globale de la fonction Cobb-Douglas, il faut préciser qu'elle constitue un cas particulier de la fonction CES (constant elasticity of substitution)[91]. Cette élasticité de substitution entre facteurs de production est supposée approximativement égale à 1 dans le

[91] Kenneth J..Arrow, Hollis B. Chenery, Bagicha S. Minhas, Robert M. Solow, Capital-labor substitution and economic efficiency, Review of Economics and Statistics (43, 1961), pp. 225-250

cas de la fonction Cobb-Douglas., et donc constante. Or, une fois de plus, la rationalité échoue devant l'expérience : la pénurie du travail qualifié est manifeste en dépit d'un chômage élevé en France, alors que le facteur capital doit être compatible avec des infrastructures souvent très particulières. Parler dans ces conditions d'une élasticité constante de la substitution entre facteurs est ainsi une hypothèse qui traduit les insuffisances de la théorie néoclassique dans son ensemble : ce qui est proposé ici n'est pas *faux,* mais les conditions de réalisation sont trop restreintes pour éviter l'effondrement de la configuration.

Le commentaire qui suit confirme ce propos[92] :

Dans le cadre d'une fonction Cobb-Douglas avec des demandes concurrentielles, deux biens de consommation sont proposés au consommateur. Étant donné la formalisation mathématique de cette fonction, le sentier d'expansion est une droite passant par l'origine, de sorte que le consommateur n'apprécie pas différemment les deux biens, que son revenu soit faible ou élevé.

Donc, le beurre et le champagne seront toujours achetés dans les mêmes proportions, indépendamment du revenu.

**** Les juxtapositions entre Hicks[93] et Allais[94] au sujet de l'interprétation de l'équilibre général*

Parallèlement aux recherches d'Allais concernant l'économie du bien-être (cf. supra) et reconnues tardivement, parce que disponibles uniquement en langue française, d'autres

[92] Cf. Bernard Guerrien, op.cit. p.73
[93] John Hicks, Value and Capital, 1939
[94] Maurice Allais, Traité d'économie pure, 1943

orientations doivent figurer ici, notamment les travaux de Hicks.

Il faut néanmoins tenir compte du fait que ni l'un ni l'autre ne mettaient en cause l'existence même de la théorie de l'équilibre général.

Or, tous deux se sont concentrés sur les questions de la stabilité de l'équilibre et le développement d'un modèle dynamique, l'interprétation du mathématicien Allais s'écartant de celle de l'économiste Hicks.

Il est d'autant plus intéressant de relever la citation suivante chez le mathématique Allais : « … la prévision de l'évolution future du marché tant du point de vue psychologique que du point de vue technique est parfaite »[95]. Il admet donc que l'intuition a également un rôle à jouer !

Le lecteur pourra trouver un examen approfondi des thèses des deux auteurs dans l'article d'Alain Béraud[96].

Ainsi, si Hicks avait initialement envisagé le problème de la stabilité sous l'angle des quantités demandées et offertes, il s'est par la suite tourné vers l'évolution des prix pour examiner les effets de leur évolution.

L'approche d'Allais est différente, et il semble par ailleurs que le cheminement de sa pensée fut moins « linéaire » que celui de Hicks. Toujours est-il qu'Allais s'est d'abord opposé à Hicks en cherchant à démontrer qu'en l'absence d'équilibre il n'y aurait pas d'échange et qu'l fallait donc passer par des ajustements consécutifs pour que des échanges puissent avoir

---

[95] Citation d'Alain Béraud (1998) in op.cit. Pre-print par HAL, p. 24, de Maurice Allais (1947)

[96] Alain Béraud (2014) pp. 125 - 158

lieu[97]. La démonstration mathématique d'Allais a donné lieu à de multiples discussions, concernant entre autres et peut-être en premier la différentiabilité des courbes de demandes qu'Allais – en mathématicien- n'avait pas mises en cause.

Une autre juxtaposition entre Hicks et Allais concerne l'évolution de l'équilibre sujet à des ajustements vers un modèle dynamique. Ils affirment au départ tous deux le caractère statique du modèle walrasssien, une conviction qui est loin d'être partagée par d'autres chercheurs, ne serait-ce qu'en fonction de la présence de la monnaie chez Walras.

Or, la dynamique développée diffère : si les anticipations sont nécessairement présentes dans tout modèle dynamique, elles sont interprétées de façon différente par Allais que par Hicks. En effet, Allais suppose les prévisions comme étant parfaites, sans erreur possible et permettant donc le maintien sans réserve de l'hypothèse d'un équilibre général dont l'arbitre sera le prix. Par contre, Hicks affirme que les anticipations peuvent être fausses et doivent donc être rectifiées. Puisque Hicks maintient néanmoins l'hypothèse d'un équilibre général, celui-ci devient de ce fait temporaire. Autrement dit, les équilibres se relayeront entre eux. Ayant constaté le caractère parfait des anticipations chez Allais, son équilibre devient de ce fait intertemporel.

Alors, comment parvenir à un équilibre stable, respectivement sur la base de ces hypothèses différentes ?[98]

L'équilibre temporaire de Hicks peut être imparfaitement stable ; ceci sera le cas si, par exemple, le taux d'intérêt reste constant. Une situation de crise peut ainsi survenir, mais le

---

[97] Maurice Allais, (1981)

[98] Alain Béraud, op.cit. pp. 21-27 du Pre-print par HAL

retour à un équilibre stable pourra se faire grâce à l'élasticité des anticipations.

Les travaux d'Allais se heurtent au départ à la difficulté du maintien d'anticipations parfaites, devant l'existence de crises et donc d'un déséquilibre pour le moins momentané. Il se concentre sur le rôle du taux d'intérêt comme lien entre les sphères réelle et monétaire, mais en faisant abstraction d'une politique du taux d'escompte pour privilégier une réforme du système économique dans son ensemble. Comment y parvenir ? Allais pose clairement la question, sachant son attachement à une économie libre de marchés.

Ces commentaires concernant les travaux de Hicks et Allais ne sont que des exemples qui soulignent la difficulté d'une justification globale de la théorie de l'équilibre général, devant des déséquilibres toujours plus remarquables.

**** *Le théorème Sonnenschein – Mantel – Debreu*

Entre 1972 et 1974, Hugo F. Sonnenschein, Rolf Mantel et Gérard Debreu ont développé un théorème qui constitue une mise en question sévère du modèle de l'équilibre général dans son ensemble.

Notre étude est plus particulièrement concernée par ce théorème puisqu'il stipule qu'en termes de stratégie, le passage des comportements individuels des agents à une stratégie macroéconomiques se heurte à des impossibilités de transfert en cherchant une fonction agrégée des demandes nettes.

Le théorème SMD rappelle d'abord les bases microéconomiques du raisonnement généralement retenues, tout en émettant certaines réserves :

- présence de continuité (dérivabilité, incertaine en cas de « sauts » à la suite d'un choc sévère)
- homogénéité de degré zéro, donc linéarité

Les auteurs font alors remarquer que dans un contexte de statique comparative généralement reconnu en visant l'équilibre général, l'agrégation à partir des seules bases microéconomiques ne garantit ni l'unicité ni la stabilité du système.

De façon générale, le théorème SMD dit « *qu'il n'est pas possible de déduire des comportements maxmisateurs des ménages et des entreprises en concurrence parfaite des conditions sur la forme de leurs offres et de leurs demandes* »[99].

Pour développer ce propos, on peut faire appel aux effets de substitution et de revenu dans le cadre du budget des ménages. En effet, en raisonnant en termes de prix relatifs (ce qui sous-tend l'ensemble de ces réflexions), il peut y avoir des variations de prix qui impliquent des variations relatives des budgets des ménages, avec l'impossibilité d'évaluer *a priori* les effets sur les fonctions de demande et d'offre.

On peut en déduire encore que cette impossibilité, ou cette indétermination, se répercute sur la fonction du bien-être social, éminemment complexe et plus encore devant la toile de fond de ce qui vient d'être dit.

En réaction au Théorème SMD le courant néoclassique s'est appuyé essentiellement sur les agissements d'agents « représentatifs », des personnages qui nous paraissent difficiles à saisir.

---

[99] Bernard Guerrien, op.cit. cit. p. 483

***** *Deux propositions de sorties par le haut : Hildebrand et Grandmont*

Parmi les nombreuses prises de position consécutives à la publication SMD, deux auteurs ont élaboré des propositions intéressantes dans l'optique d'une réorientation possible de la théorie de l'équilibre général, au sens des stratégies dont la poursuite accompagne notre étude : werner Hildebrand traitant des problèmes d'agrégation[100] et Jean-Michel Grandmont[101] examinant les fonctions non linéaires de la demande et de l'offre .

Dans les deux cas, les commentaires de Jean-Sébastien Lenfant[102] constituent un apport constructif bien que critique.

Qu'il nous soit permis de précéder les réflexions s'y rapportant d'une remarque quelque peu ironique : à la lecture de ces ouvrages, on constate l'accent mis par les deux auteurs sur les problématiques de la demande, bien que l'offre soit toujours implicitement présente : on ne peut pas nier une certaine parenté avec la pensée keynésienne, fut-ce un cousinage « à la mode de Bretagne ».

Pour ce qui est de Hildebrand, il affirme clairement que des variables autres que le revenu exercent une influence sur la demande ; Il souligne une dissémination croissante de celle-ci, ce qui le conduit à assortir d'un point d'interrogation la rationalité individuelle des consommateurs.

Or, on constate au niveau des fonctions de la demande agrégée des composantes qui ne sauraient résulter des demandes individuelles. Ainsi, si les deux auteurs suggèrent une

---

[100] Werner Hildebrand (2003)

[101] Jean-Michel Grandmont (1998)

[102] Jean-Sébastien Lenfant, op.cit., pp. 17-22

endogénéisation d'influences au départ exogènes, l'équilibre général nous parait de plus en plus incertain.

On retrouve le thème de la rationalité individuelle chez Grandmont qui traite de la précarité de l'autonomie et de l'indifférence des préférences entre consommateurs : ici encore, une intégration dans le modèle de l'équilibre général semble précaire.

Ainsi, l'état des lieux suggère un abandon, de la part du courant néoclassique, du « camp de base » pour se replier vers un refuge en altitude.

§ 4 À l'ombre de la rationalité

**Repères théoriques*

Au fil des paragraphes précédents, nous avons pu constater à quel point l'hypothèse de la rationalité peut constituer une bouée de sauvetage, mais dont la solidité n'était pas avérée.

Ainsi, l'article de Roger Guesnerie[103] contribue à préciser le concept de *rationalité* ainsi qu'en corollaire celui des anticipations rationnelles.

L'hypothèse de la rationalité s'appuie alors sur la possibilité d'un classement binaire et stable qui doit posséder une cohérence certaine, donc être transitif.

En avenir incertain, ceci conduit au remplacement de l'espérance mathématique au sens usuel du terme par l'espérance mathématique de *l'utilité espérée.* Cet aspect a été développé ultérieurement, entre autres, par Leonard Savage. Or, ce raisonnement a été rejeté par Maurice Allais dans le

---

[103] Roger Guesnerie (2011) pp. 7 - 14

cadre de ce qui porte désormais le nom de « paradoxe d'Allais » (cf. supra) en arguant que ce qui compte n'est pas l'espérance d'un gain (au jeu), mais l'espérance de *l'utilité* du gain.

Dans la mouvance de ces réflexions, les critiques ont conduit à partir des années 1970 aux débuts de la théorie comportementale développée par Daniel Kahneman et Amos Tversky dont il sera question dans la seconde partie de notre étude.

Quant à l'hypothèse des anticipations rationnelles, Roger Guesnerie précise qu'elle ne doit pas être considérée comme une sorte d'excroissance de l'hypothèse de rationalité :

« Une anticipation est rationnelle lorsqu'elle résulte d'une utilisation optimale de l'information disponible »[104].

« Les anticipations rationnelles supposent que les agents ne font pas d'erreur systématique dans leurs prévisions de l'avenir : ils peuvent se tromper, mais ne se trompent pas statistiquement, et ce compte tenu de leur information ; autrement dit, leur incertitude ne tient pas à leur compréhension insuffisante du monde et des actions des autres ».

Nous poursuivrons cette discussion dans la seconde partie de l'étude. Il s'agira alors de décider dans quelle mesure la rationalité devra reculer devant des paradigmes mieux adaptés à la réalité de l'économie et donc de la vie.

En attendant, les possibilités stratégiques qu'offre la théorie de l'équilibre général sur le plan de la politique économique, seront esquissées à l'aide d'un exemple concernant un secteur

---

[104] Roger Guesnerie, p. 8, puis p.5 du Reprint de l'article cité (CAIRN)

qui est aujourd'hui âprement discuté : l'agriculture. Les constatations faites conduiront à l'évocation plus générale de la modélisation suivant son orientation récente : les modèles MEGA.

** *L'agriculture et l'équilibre général*

Le document évoqué par la suite est caractéristique des avantages et inconvénients du modèle de l'équilibre général en vue de l'élaboration d'une politique s'adressant directement à un secteur déterminé, mais impliquant en même temps d'autres secteurs économiques[105].

Depuis les années 1960, des algorithmes développés essentiellement par Johnson et Scarf ont permis de traiter les problèmes de politique économique sur la base du modèle d'équilibre général calculable. Ceci est particulièrement appréciable dans le cas de l'agriculture tributaire de la gestion des finances publiques.
En effet, la conception de modèles non linéaires permettant l'évaluation simultanée des quantités et des prix a conduit à des progrès importants par rapport aux modèles antérieurs non numériques. Il devient ainsi possible de retracer les réactions des agents dans le cadre des variations des prix relatifs des biens mis sur le marché. Qui plus est, et contrairement aux évaluations en équilibre partiel, la généralisation ainsi obtenue permet de tenir compte des variations en termes de bien-être réalisées à la suite de mesures prises pour soutenir l'agriculture.

Sur le plan théorique, le fait d'être calculable peut ainsi adapter le modèle à l'agriculture, puisque de telles mesures

---

[105] Alexandre Gohin, Hervé Guyomard,, Chantal Le Mouël (1999) pp. 4-10

peuvent diligenter des « sauts » d'une fonction d'offre (et par répercussion de demande)
dont il ne serait pas possible de tenir compte en partant de fonctions dérivables.

Dans le cadre de l'agriculture, il est particulièrement intéressant de pouvoir ainsi retracer les mouvements des facteurs de production, travail et capital, dont le maintien sinon le renforcement va dans le sens d'une autosuffisance alimentaire en France et en Europe. En cela, la politique agricole et agroalimentaire devient alors proprement macroéconomique.

La difficulté essentielle est toujours la détermination des paramètres de comportement. Or, si cette difficulté se retrouve dans la quasi-totalité des modèles visant les différents secteurs, elle est particulièrement présente dans l'agriculture :

- L'élasticité de substitution intergénérationnelle de la consommation est très difficile à estimer ; les cultures reconnues comme étant biologiques attirent un nombre croissant de consommateurs, en dépit d'un désaccord qui se fait jour concernant la supériorité de certains modes de production biologique par rapport à d'autres ;
- en corollaire de ce premier aspect, les comportements des ménages sont fonction de leurs dotations initiales dans le cadre du modèle d'équilibre général calculable qui ne sauraient être considérées comme étant identiques si on veut se rapprocher de la réalité des données ;
- la politique agricole commune (PAC) crée des réseaux d'influences plus marqués ici que dans d'autres secteurs ;
- depuis un temps certain, la politique des prix a tendance à être relayée en France par une politique d'aides directes aux exploitations agricoles, ce qui impose une désagrégation

extrêmement fine et de ce fait très complexe pour les modélisateurs.

Pour conclure, le recours à une rationalité *ex post* pouvait être envisagée, sans tenir compte des événements récents, mais elle nous parait exclue *a priori.* Cette constatation inaugure assez négativement des stratégies disponibles au sens des finalités de stabilité, sinon de croissance.

Or, l'exemple de l'agriculture avec en son corollaire l'agroalimentaire pouvait être adapté à d'autres secteurs de l'économie, en soulignant des carences identiques ou voisines. En reconnaissant cette situation, une modélisation récente tente de remédier à ces manquements, tout en s'efforçant de rester dans le cadre de la théorie de l'équilibre général.

Or, avant d'esquisser les MEGA, il semble impératif d'évoquer la situation actuelle de l'agriculture, étant donné que les considérations d'un équilibre, quel qu'il soit s'effacent devant les besoins immédiats, non seulement de la branche, mais des citoyens dans leur ensemble.
Les agriculteurs sont en fait doublement frappés, par des marchés largement verrouillés et par le manque de main-d'œuvre. Si les marchés dits « ouverts » ont vite connu des assouplissements en matière de maintien, les agriculteurs déplorent l'absence forcée d'une main-d'œuvre saisonnière essentiellement étrangère. La participation d'un certain nombre de « nationaux » disponibles par la force des circonstances ne saurait combler ce manque.

Dans la mesure où les agriculteurs ont trouvé des « astuces » por limiter les pertes, telles que la vente directe avec la livraison à domicile et autres moyens locaux, on a pu constater que les consommateurs sont très sensibles à l'image de cette « nouvelle agriculture » qui les éloigne des produits préemballés et anonymes. Il ne s'agit donc pas seulement des prix qui peuvent être un peu plus élevés, mais de l'odeur des fruits et légumes accompagnée du sourire de l'agriculteur ou de l'agricultrice.

Ces comportements sont à la fois collectifs et individuels et nous éloignons une fois de plus de l'image d'une rationalité dominante.

*** *La modélisation MEGA (modèles d'équilibre général appliqués)*

Le secteur choisi est celui de la politique commerciale[106]. Or, il va presque sans dire que désormais cette politique est internationale, ce qui rend naturellement plus complexes la recherche et la démonstration de l'application du modèle d'équilibre général. L'étude évoquée s'oriente directement vers la concurrence imparfaite, absente du contexte walrassien et faisant l'objet de recherches depuis peu, voulant respecter le cadre du modèle néo-classique.
Ceci vaut plus encore pour l'introduction d'une dynamique transitoire à la place d'une statique comparative, pour se heurter durement à la prise en compte du progrès technologique endogène.

L'objectif visé par l'ensemble de ces modèles très diversifiés est toujours l'effet de la politique commerciale en termes de bien-être, s'appuyant – comment pourrait-il en être autrement – sur la maximisation de la fonction d'utilité sous contrainte budgétaire.

L'évolution de l'emploi et des inégalités sont vues sous l'angle de rendements d'échelle croissants sous l'effet de

---

106 Sabine Mage-Bertomeu (2006)pp. 357-381

coûts fixes des entreprises, avec une influence sur l'évolution du bien-être.

Or, si pour l'analyse néo-classique le taux de croissance était de nature exogène, on veut bien admettre désormais qu'il puisse être de nature endogène, même si l'évaluation devient alors très complexe et nécessitant le recours à une modélisation en état stationnaire. L'auteur de l'article ajoute à ce sujet que ces analyses visent davantage la variété des produits que leur qualité.

Une autre hypothèse nouvelle est la reconnaissance d'une substituabilité imparfaite entre un bien produit localement et un bien identique importé. On voit poindre ici une composante psychologique, dans l'ombre de la rationalité toujours proclamée.

L'analyse constate que la fonction d'offre en concurrence imparfaite dépend du nombre de firmes présentes sur le marché et de l'élasticité de la demande. Or, puisque le nombre de firmes n'est forcément instable, l'élasticité de la demande aura tendance à suivre. On peut douter de cette configuration, puisque l'ajustement du stock de capital des firmes est supposé instantané, ce qui parait sûrement irréaliste.

Concernant la fonction de demande, elle accusera une élasticité-prix qui dépendra du degré de libéralisation des échanges. Pour renouer ici encore avec la situation actuelle, elle maintient les différences essentielles entre le marché du travail en Europe et aux Etats-Unis, nos « rigidités » visant à empêcher une misère trop profonde, alors qu'outre-Atlantique le chômage atteint des sommets.

L'offre rencontrera toujours une demande (cf. infra), la question étant celle du niveau.

Sur le plan général, on ne peut que se joindre à l'auteure de l'article qui souligne le manque d'un véritable sentier d'ajustement en vue de la croissance. En effet, la dynamique intertemporelle qui se veut celle des modèles MEGA se heurte à l'hypothèse des prix des facteurs parfaitement anticipés, signifiant un équilibre à prévision parfaite.

La génération récente des modèles MEGA tient compte des « rigidités institutionnelles du marché du travail », voulant dire la protection sociale, qui pèsent sur l'équilibre des échanges.

En outre, les modèles MEGA travaillent habituellement avec un « bien-être social » qui est censé correspondre à la sommation du bien-être des individus, sur la base de l'« agent représentatif » de la théorie néo-classique.

En conclusion, si les apports des modèles MEGA ne sont pas sans intérêt, ils font tout de même penser à l'installation d'un double vitrage dans un bâtiment où il pleut par le toit.

Conclusion à la première partie
Le paradigme épistémo-anthropologique

Pour conclure cette première partie de l'étude, une réflexion s'impose à la lecture de l'article de Lisiane Lomazzi[107], d'une sévérité convaincante.

L'auteure met d'abord en relief la signification de la rationalité numérique, cette excroissance de la digitalisation que l'on peut considérer aujourd'hui comme envahissante et toujours plus dominante dans tous les chemins de la vie.

En effet, on ne peut que se rallier à une critique de l'interprétation automatisée de notre vécu, si ce n'est de nos anticipations au sujet d'une réalité à venir.

« Atteindre la rationalité absolue n'est pas une ambition nouvelle dans la pensée occidentale »[108]. Une telle présomption nous éloigne douloureusement de la sagesse qui devrait pourtant accompagner la prise de conscience de la finitude humaine.

Au fil de la lecture de l'article, on est ensuite saisi d'un froid profond en apprenant que même la publicité risque de devenir inutile devant la privation de nos comportements de toute initiative autonome, sous l'emprise du « cloud » de la numérisation.

---

[107] Lisiane Lomazzi (2015)

[108] Lisiane Lomazzi, article cité, p. 2

Ainsi, nous risquons de ne plus être « qualifiés », mais « quantifiés », pour nous retrouver dans un désert dépersonnalisé où « la recherche du temps perdu » sera estompée par l'emprise sur les phénomènes en temps réel.

Au-delà de la *rationalité* algorithmique, une *régulation* algorithmique voudra se saisir de la délibération démocratique, emportant dans sa mouvance la justice rendue « superflue ».

Deuxième Partie
Stratégies et finalités

Vers une nouvelle rationalité

Fronton de la Mairie de Pagny - sur - Meuse

Chapitre V
Les maximes

Recadrage

La première partie de cette étude a conduit à la mise en relief de la théorie économique dominante, impliquant l'appréciation la plus objective possible des perspectives qu'elle a ouvertes jusqu'ici en vue d'une politique économique de stabilité, sinon de croissance.

On doit alors déplorer qu'en dépit des nombreuses affirmations concernant l'orientation présente et future, des changements résolus paraissent marquer le pas.

Sans vouloir engager une polémique concernant ce qui est et ce qui devrait être, la question est donc de savoir sur quelles bases pourrait avoir lieu une réorientation de la politique économique avec en creux un changement de politique au sens le plus large.

Or, s'il a été procédé préalablement à l'évocation du bien-être sur une base de rationalité, il semble adéquat d'entamer cette seconde partie par une analyse plus profonde du concept et de le faire évoluer vers celui du bonheur, irrationnel, mais désormais reconnu comme étant essentiel. Il servira ensuite de portail pour nous tourner vers les recherches en matière d'analyse comportementale et expérimentale, ainsi que de la neuro-économie naissante.

Ainsi, si l'esquisse du *bien-être* telle qu'elle figure ci-dessus était essentiellement descriptive, l'orientation prospective qui sous-tend les chapitres qui suivent, sera normative, l'évolution sémantique vers le *bonheur,* symbolisant une injonction implicite adressée aux instances gouvernantes, consiste à abandonner les perspectives inhérentes à la tendance lourde.

§ 1 La saisie du bonheur

* *Critères*

« L'argent ne fait pas le bonheur » : ce dicton simpliste mérite néanmoins d'être rappelé, les données matérielles accompagnant de diverses façons l'évolution émotionnelle des individus qu'on aurait tort de qualifier essentiellement d'« agents économiques ». Toujours est-il que la satisfaction des besoins de base dans les pays développés rend indispensable la disponibilité de biens matériels au plan individuel aussi bien que collectif.

On peut ajouter que le terme « satisfaction » en tant que tel possède une connotation cognitive, alors que celui de « bonheur » est de nature avant tout émotionnelle.

Formulé autrement, au-delà de la volonté de « survivre », propre à tout organisme sur terre suivant les formules les plus diverses, l'être humain aspire à « vivre », de sorte que le bonheur est censé être le levier dominant de toute politique publique.

Il faut admettre que le caractère subjectif du sentiment de bonheur ne facilite guère cette tâche, tant il est vrai qu'un bonheur collectif ferait appel à des émotions communes réservées à des instants d'élévation spirituelle tels que des journées de deuil national ou de célébration de victoires historiques, sans pour autant franchir les portes de nos vies quotidiennes.

Toujours est-il que *la croissance* est sans cesse appelée à l'aide lorsqu'il s'agit d'améliorer les conditions de vie. Pour justifier ce propos, on cite des statistiques qui semblent témoigner du fait que selon de nombreux sondages, le bonheur en tant que sentiment général, bien qu'individuel, serait moins présent dans les pays pauvres que dans les pays riches.

Il nous semble qu'il peut y avoir un piège ici : dans de nombreux pays du tiers monde et surtout du quart monde, l'arrivée des transistors jadis et des téléphones mobiles aujourd'hui, précède souvent celle de l'eau courante. Ainsi naît le mirage d'un monde meilleur aspirant à un bonheur qui cache la face sombre des pays où la vie parait facile et tellement meilleure. Cette face sombre étant avant tout celle des inégalités – on y viendra par la suite.

À cet égard, nous disposons d'une recherche menée par Claudia Senik[109] qui fait état d'une corrélation avérée entre richesse et bonheur dans le court terme, mais qui s'estompe quasiment à plus long terme, de sorte que plus de croissance n'apporterait à la longue à peine plus de bonheur.

Alors, les tenants de l'école marginaliste parleraient d'une *utilité marginale décroissante du bonheur !*

Une explication convaincante de cette décorrélation à terme entre le bonheur et le PIB a été fournie par Easterlin[110] :

En effet, trois facteurs contribueraient à cette situation dont les deux premières, la comparaison et l'adaptation figurent

---

[109] Claudia Senik (2014)

[110] Claudia Senik, op.cit. citation pp. 7-8 de la version pdf du texte.

également dans la théorie des perspectives de D. Kahneman et A. Tversky de 1979 :

- la comparaison concerne l'appréciation des situations entre individus ; si le revenu augmente dans les mêmes proportions pour tous les agents, le sentiment de bonheur des uns par rapport aux autres ne s'en trouvera pas modifié.

Cette affirmation n'est pas sans rappeler les événements en France en mai/juin 1968 suivis des Accords de Grenelle qui avaient apporté à tous une augmentation salariale de 10 %. Même indépendamment du fait que cet avantage fut rapidement annulé par l'inflation, la satisfaction – ou le bonheur, si on veut – fut de très courte durée, suivie d'une résignation conséquente : « ils étaient tous rentrés chez leur automobile… » (ni plus grande, ni plus petite qu'auparavant).

Ainsi, l'étalon de mesure n'est pas l'évaluation du niveau, mais celle de la situation d'autrui par rapport à soi.

- quant à l'adaptation, elle peut signaler deux facteurs, seuls ou conjointement : les individus s'adaptent sur le plan général et/ou ils modifient leurs préférences.

Or, bien que la flexibilité soit (trop) à l'ordre du jour, un comportement de caméléon ne parait pas toujours convaincant. Il semble s'agir plutôt d'un déplacement des préférences sur fond de résignation. Il il s'en suit une interprétation primordiale : les « préférences révélées », l'une des pièces maîtresses de la théorie néoclassique concernant le comportement du consommateur, peuvent souvent surgir en tant que réaction irrationnelle, née d'une attitude de résignation !

- le troisième facteur explicatif de la décorrélation à terme entre le bonheur et l'argent est l'*addiction.* Nous rencontrons ici des manifestations d'ordre neurologique concernant deux substances logées dans notre cerveau, à savoir la dopamine et la sérotonine

La dopamine stimule le besoin de satisfaction immédiate de par la consommation, en guise de bonheur.
Le système d'accumulation de l'économie libérale crée ainsi un lien de soumission qui capte le consommateur, lien renouvelé en permanence.

Quant à la sérotonine, elle symbolise le bonheur au pl au de la confiance, de l'amour, de l'amitié. Nous sommes donc ici dans les profondeurs du domaine émotionnel que le système de production s'emploie à solliciter en faisant appel à la loyauté, la récompense, etc.

Si nous voulons être optimistes en supposant une prise de conscience de ce profil du citoyen de la part des tenants du pouvoir, quelle peut être leur réaction en termes de politique économique, mais aussi générale, au niveau législatif et exécutif ? Autrement dit, quelles peuvent être les stratégies employées eu égard des finalités visées ?

*** Bismarck[111] ou Beveridge[112] ?*

Sachant le lecteur conscient de la problématique particulière de a protection sociale en France en cet hiver 2019/2020,, il parait opportun d'esquisser le profil des deux systèmes emblématiques en la matière, le système bismarckien et le système beveridgien.

---

[111] Otto von Bismarck (1815 – 1898), Chancelier du Reich allemand.
[112] William Beveridge (1879 – 1963), économiste britannique.

Il peut alors surprendre que « le Chancelier de fer » eût été le premier homme d'État à créer les bases, bien que limitées, de ce qu'est aujourd'hui la Sécurité sociale.

Or, si l'instauration de la protection contre les risques maladie (1883), les accidents du travail (1884), puis vieillesse et invalidité (1889) peut être saluée, l'intention était essentiellement anti-syndicale et anti-socialiste.

Le système bismarckien est ainsi assurantiel, reposant uniquement sur le travail des personnes.

Quant au système beveridgien, il fut l'œuvre d'un économiste britannique figurant dans un rapport demandé par le gouvernement britannique en 1942, donc en pleine guerre, ce qui peut surprendre.
En résumé, trois piliers caractérisent ce système :

- l'universalité : toute la population est concernée et tous les risques sont assurés ;
- l'uniformité : les prestations sont accordées en fonction des besoins ;
- l'unité : l'ensemble de la protection sociale est géré par l'État.

Ainsi, et en résumé, le système bismarckien traite « chacun suivant ses mérites » alors que le système beveridgien donne à « chacun suivant ses besoins ».

En France comme ailleurs, notamment en Allemagne, la discussion bat actuellement son plein, les systèmes étant au demeurant « mixtes » à des degrés variables.

Au demeurant, on réalise que l'évolution tend davantage vers un paramétrage bismarckien que vers une évolution beveridgienne, certainement pour ce qui est de la prise en compte des besoins.

Or, il faut admettre qu'au-delà des besoins matériels au sens stricte, la définition même du terme « besoin » est éminemment multifactorielle. En effet, il ne semble pas exagéré d'affirmer qu'au fond les besoins diffèrent d'une personne à 'autre, ce qui nous parait vrai déjà aux abords de la sphère matérielle élargie, et bien davantage encore au plan immatériel et donc émotionnel. La satisfaction des besoins tend alors vers l'épanouissement porteur de bien-être et propre à chacun. Ce contexte sera élaboré par la suite, à la recherche d'un guide qui pourra amener la rationalité « héritée » sur une voie nouvelle.

§ 2 La nécessaire reconnaissance d'un contexte syncrétique

**L'impossible agrégation*

Le *leitmotiv* qui orne nos bâtiments publics, tels que la Mairie de la commune de Pagny-sur-Meuse, né de la Révolution, exprime l'ardent désir des pères de la République, mais resté normatif à ce jour.

Les liens qui unissent ces trois grands thèmes sont complexes : si l'Égalité et la Fraternité peuvent évoquer au prime abord un contexte où tous les membres de la communauté jouissent *a priori* d'un même statut, les liens qui unissent les citoyens souffrent de la prise de conscience que nous ne nous ressentons pas véritablement comme des « égaux », même sans l'admettre, et que de ce fait la main tendue vers l'Autre risque d'être condescendante ou craintive, suivant l'image de soi de chacun. De sorte que la fraternité subit le poids du manque d'égalité ressenti en dépit du contraire proclamé[113].

Ces premières constatations paraissent suffisantes pour rejeter la différentiation entre bien-être individuel et bien-être collectif, en évitant le terme de « bonheur » d'une définition encore plus éloignée de toute rationalité prétendue.

Il s'agit au départ de l'impossibilité d'agrégation des évaluations. Ainsi, la comparaison avec « l'Autre » va au-delà non seulement des sphères matérielles et immatérielles, dans la mesure où elle appelle une mise en question de soi, de ses capacités se ce n'est de ses insuffisances. Il se dessine donc ici une inégalité en quelque sorte « au deuxième degré » qui peut frapper très fort les uns sans même atteindre les autres.

Alors, comment peut-on affronter cette impossible agrégation entre bien-être individuel et collectif ?
La possibilité d'un guidage des uns vers les autres, bien qu'imparfait, réside au niveau des « capacités collectives » en matière d'éducation, de santé et de culture au sens le plus large qui s'offrent aux citoyens, dans des civilisations telles que la nôtre. Alors que cette infrastructure peut tendre vers une égalité plus effective, l'évocation des « déserts français » souligne le manque qui subsiste à cet égard.

De façon anecdotique, on peut constater en outre que le bien-être visé au plan collectif peut s'avérer conflictuel au plan individuel : les pistes cyclables dérangent souvent les promeneurs avec leurs chiens, et la domination des transmissions d'événements sportifs est regrettée par les personnes en quête d'offres télévisées plus intellectuelles.

---

[113] Citons à ce propos Golda Meir : « Nous sommes tous égaux, mais certains sont plus égaux que d'autres ».

Ajoutons que l'impossibilité d'agrégation avait été élaborée par des chercheurs tels que Condorcet[114] et Arrow[115] : en effet, si la seule issue pour obtenir une sorte de consensus est le régime dictatorial, mieux vaut renoncer…

*** L'apprentissage de la Liberté*

Notre propos, aussi surprenant qu'il puisse paraître, consiste alors de considérer que la Liberté doit naître de ce binôme ô combien fragile d'égalité et de fraternité, inhérent à notre République, fut-ce de façon normative.

En effet, la Liberté apparaît comme un couronnement des aspirations républicaines.

Comment la pensée pourrait-elle ne pas être libre ? La réponse peut être que notre réflexion est tributaire du guidage offert par l'instruction, par le contexte d'acquisition du savoir et de l'apprentissage et de la saisie opportune de ce qui nous entoure au plan matériel aussi bien qu'immatériel. Bien que cette interprétation puisse suggérer non seulement des apports, mais aussi des inconvénients, il reste que l'espace de liberté ainsi ouvert ne saurait être nié.

Le niveau de l'acquis joue ainsi un rôle essentiel, alors que ce qui nous est offert nourrit à son tour ce dont nous disposons *intueri,* venant du plus profond de nous, à l'image du phénomène originel leibnizien.

---

[114] Marie Jean Antoine Nicolas de Caritat, marquis de Condorcet a démontré en 1785 qu'il est des situations paradoxales telles que des votations qui rendent toute agrégation impossible.

[115] Kenneth Joseph Arrow a publié en 1951 son « théorème d'impossibilité » conférant aux conclusions de Condorcet une base mathématique pour nier toute agrégation rationnelle.

D'autre part, la prise de conscience actuelle des menaces climatiques conduit à une appréciation très critique des capacités collectives sous leur forme encore dominante pour suggérer en pointillé une plus grande accentuation des préférences individuelles et de leur traduction dans les faits, dans la mesure où ceci est à accueillir favorablement dans un contexte géopolitique.

À partir d'ici, on peut estimer que la Liberté se situe à deux niveaux, celui de la *pensée* et celui de l'*action.*

C'est ainsi que dans un contexte démocratique, la pensée peut s'exprimer librement, pourvu qu'elle ne constitue pas un appel à la destruction de la vie civile. Certes, la toile de fond de l'acquis déjà mise en relief peut constituer une contrainte, puisqu'un certain formatage parait inéluctable. Néanmoins, si les régimes dictatoriaux interdisent l'accès à de nombreux auteurs et à leurs ouvrages, il est permis de remarquer que la liberté de la pensée ne rencontre jamais un terrain vierge. En témoignent les fréquentes références des représentants des partis politiques à des penseurs reconnus comme tels, fut-ce pour rejeter leurs propos.

Il convient d'ajouter que la frontière entre la pensée et l'action est très tenue, de sorte que la pensée évolue vers l'appel à l'action. Ici encore, l'individualisme et la subjectivité l'emportent souvent contrairement aux apparences ; même un grand groupe de manifestants cherche toujours un leader, sans toujours le trouver.

Lorsque le *leadership* veut ensuite se hausser au rang d'une représentativité plus durable, il se heurte inexorablement aux contradictions des volontés individuelles qui ont pu se taire pendant un temps.

Par ailleurs, tout syncrétisme rencontre de surcroît en France une structure historiquement ancrée de centralisme et de hiérarchisation qui interdit souvent aux pouvoirs régionaux et locaux de prendre des initiatives qui n'auraient pas été explicitement entérinées par le pouvoir central.

Ainsi, ce qui précède témoigne de la difficulté d'une transformation de la volonté du *leitmotiv* républicain en une réalité présente. La recherche trop souvent vaine de la fraternité et la persistance sinon l'accentuation des inégalités portent atteinte à la liberté qui seule saurait conduire à une complétude de la vie.

§ 3 La recherche d'une harmonisation

* *Interprétations*

Partant du principe que tout gouvernement démocratiquement élu aura pour objectif le bien-être des citoyens, comment les stratégies employées et les finalités visées pourront-elles respecter le socle de la rationalité ?

Devant la multiplicité des interprétations théoriques du concept de rationalité, nous allons suivre la trame dessinée par Raymond Boudon[116], pour autant qu'elle nous rapproche du profil que lui a conféré Albert Einstein, au sens de l'incomplétude et de la subordination.

La première interprétation est celle du modèle du choix rationnel (MCR), essentiellement conséquentialiste et enraciné dans le dogme de l'utilité espérée qui le place donc sur le terrain de la probabilité et de l'incertitude.

[116] Raymond Boudon (1998) pp. 21-49

On sait que le MCR se heurte ente autres au paradoxe d'Allais que l'on attribue généralement à l'aversion à l'égard du risque.

Ainsi, étant donné les insuffisances avérées et frustrantes du MCR, Herbert A. Simon a créé le néologisme du « satisfycing » pour désigner une situation qui ne sera certes pas optimale, mais acceptable (en cas d'embauche, par exemple)[117]. Si la pensée simonienne sera analysée de façon lus approfondie par a suite, le terme évoqué ici demande un commentaire immédiat.

Ainsi, le processus de décision (cf. Chapitre VII) vise d'abord une cible d'aspiration et explore des décisions dont il pense qu'elles pourraient l'approcher de cette cible. Il est à remarquer que ces décisions, ou ces options, peuvent évoluer au fil du temps. Dans ce contexte, l'individu s'appuie sur l'expérience mémorisé mais admet également l'intuition. À la suite d'une exploration, l'individu mesure la distance entre les options envisagées et l'aspiration initiale ; si elle est trop importante, ou si les difficultés en chemin sont trop grande, le critère du « satisfycing » permet la révision de la cible et signifie ainsi d'écarter le critère de maximisation chère à la rationalité traditionnelle.

On peut donc estimer avec M. Ferrière que la variante du *satisfycing* nous éloigne du concept du MCR puisque nous ne disposons plus d'une fonction commune d'utilité, les choix constatés n'étant ni congruents ni transitifs[118]. En effet, avec un seuil de satisfaction variable d'un agent à l'autre, n'importe quelle solution devient quasi-rationnelle.

---

[117] Herbert A. Simon (1992)

[118] Mathieu Ferrière 2011) p.38

Ensuite, le rejet par N. N. Taleb[119] du MCR en tant que tel mérite qu'on s'y arrête un instant : nous ne sommes pas des ordinateurs, ce qui fait que nous chercherons toujours des raccourcis en acceptant des distorsions d'une réalité qui nous échappe, étant donné notre compréhension limitée du monde. L'individualisation telle qu'elle est critiquée par M. Ferière pourrait être vue ainsi sous un angle quelque peu différent. Notre étude traite par la suite des Heuristiques, image de ces « raccourcis ».

Une troisième variante interprétative évoque la rationalité cognitive. Il s'agit ici d'une théorie des croyances scientifiques dont la force fait la pertinence de la rationalité. « *La rationalité de l'acteur banal rappelle alors davantage celle qu'évoquent les philosophes des sciences que celle de l'économie néo-classique* »[120]

Il faut faire figurer en quatrième lieu la rationalité *axiologique.* D'origine weberienne, elle s'appuie sur des principes, contrairement à la rationalité instrumentale qui vise des finalités précédées des stratégies qui doivent y mener.

Dans ce contexte particulier, la discussion autour des motivations du vote constitue probablement le meilleur exemple pour mettre en relief la juxtaposition entre la rationalité instrumentale et la rationalité axiologique.

En effet, pourquoi vote-t-on ? Par conviction ? Par le sens du devoir ? Par la joie d'exercer ses droits civiques ? La problématique du MCR devient ici évidente, puisqu'*au plan rationnel* le vote de l'agent X ne saurait avoir la moindre influence sur le résultat du vote, ni pour lui-même ni pour la

---

119 Nassim Nicolas Taleb (2018) p. 216

120 *R. Boudon, op.cit. p.29 (italiques de l'auteur)*

communauté. Néanmoins, la majorité des gens votent, du moins en Europe.

On constate que la rationalité instrumentale, toujours la dérivée du MCR même sous ses formes nettement affaiblies, est souvent incapable de fournir des explications convaincantes. C'est donc la rationalité axiologique qui conserve un rôle d'accompagnement dans des cas comme celui du vote ; on ne saurait attribuer au fait de voter un caractère purement irrationnel.

Un tel constat nous ramène au paragraphe précédent, à savoir au syncrétisme reconnu.

** *Délimitations*

La fin du commentaire portant sur les interprétations de la rationalité s'offre en tant que lien pour explorer le terrain de ce qui peut paraître comme clairement irrationnel – mais peut-être seulement à première vue, comme on le constatera.

L'exposé séminal « Rational Models of Irratonal Behavior »[121] d'Akerlof et Yellen, est guidé par un keynésianisme critique, en reconnaissant certes la présence d'une illusion monétaire, mais sans lui accorder la priorité de la théorie keynésienne. Cette priorité revient de fait à l'évolution de la demande dont l'insuffisance conditionne le chômage.

Les auteurs empruntent le chemin suivant : ils partent d'un choc exogène tel qu'une politique de la banque centrale qui augmente la masse monétaire pour stimuler la demande moyennant une baisse des prix ou/et du taux d'intérêt. Cette

---

[121] George A. Akerlof, Janet L. Yellen (1987) pp.137-142

politique dit alors favoriser l'emploi en faisant baisser le chômage.

À partir d'ici, la composante psychologique et irrationnelle du modèle keynésien « original » est intégrée dans le raisonnement, dans la mesure où Akerlof et Yellen ont recours au phénomène d'inertie souvent présent dans le cadre de la concurrence monopolistique qui caractérise les marchés des économies libérales.

En effet, les firmes devraient « logiquement » baisser leurs prix, consécutivement à un tel choc. Or, on constate que certaines firmes qui occupent une place important sur le marché, ne le font pas dans l'immédiat. Elle perdra donc en volume de ventes, mais quelles seront réellement ses pertes sur le plan de la profitabilité ?

Ici intervient alors le *théorème de l'Enveloppe* qui permet d'évaluer l'effet d'un paramètre – ici les disponibilités monétaires – sur une fonction telle que la fonction de production d'une firme. Si la firme n'adapte pas ses prix à la baisse, contrairement à ses concurrents, une approximation de premier ordre montre que les pertes seront plus faibles (puisque relevant du second ordre) que ne le seraient les gains en cas d'adaptation immédiate des prix à la suite du choc.

On peut pour s'en convaincre rappeler la formule de Taylor en matière de dérivation :

$$F(x + \Delta x) = f(x) + f'\Delta x + 1/2f''\Delta^2 + 1/6f'''\Delta^3 + \dots$$

L'inertie – moins de ventes, mais prix plus élevés que ceux des concurrents – est ainsi presque gratuite.
Néanmoins, si un tel comportement peut être presque « indolore » au plan microéconomique, il n'en va pas de même

dans le contexte macroéconomique où les effets de la politique monétaire peuvent être proportionnels et donc du premier ordre, par rapport aux mesures prises.

Suivre ce chemin en théorie et en pratique, repose naturellement sur certaines hypothèses : que la fonction soit concave, convexe ou autrement située, il faut qu'elle soit continue et dérivable. Or, si on peut raisonnablement supposer une continuité, la dérivabilité est moins assurée.

Encore faut-il que la période d'inertie ne soit pas trop prolongée pour éviter que les clients ne se détournent définitivement de l'entreprise dont les prix sont restés au niveau antérieur.

On peut ajouter que la rigidité des salaires nominaux à la baisse, typiquement keynésienne, sera plus problématique pour les firmes ayant adapté leurs prix de vente, mais là encore de façon limitée dans le temps.

Ainsi, le raisonnement d'Akerlof et Yellen prête main-forte à la composante irrationnelle des comportements. Suivant le jeu de mots du titre de leur texte, la raison peut se saisir de la déraison.

Chapitre VI
Analyse des comportements

§ 1 Les Heuristiques

La toile de fond

Si « l'agent » de notre étude ne saurait être défini en tant qu'« *homo œconomicus* » et ainsi réduit à une image marchande, la prise en compte de l'ensemble de ses pensées ainsi que de ses actions s'avère particulièrement importante quand il s'agit de savoir pourquoi les comportements sont ceux que l'on observe, et dans un deuxième temps, quelles sont les possibilités de les modifier.

En grec ancien, le terme **εὑρισκειν** signifie « trouver », sur la base de connaissances limitées, mais suffisantes pour développer des stratégies dynamiques réfléchies. On procède de cette façon lorsque des modèles auxquels on voudrait faire appel sont dépourvus d'algorithmes effectifs ; nous pouvons voir un lien ici avec ce qui a fait l'objet du paragraphe précédent concernant des procédés d'ajustement.

En d'autres termes, il s'agit d'opérations cognitives « raccourcies » admissibles pour poursuivre des stratégies et des finalités.

Dans le contexte présent, l'exposé de Goldstein et Gigerenzer[122] qui soulignent une stratégie « écologiquement rationnelle » parait particulièrement intéressante. En effet, les auteurs font appel à une utilisation la meilleure possile des informations dont disposent les agents pour pouvoir réaliser leurs objectifs.

Si l'incomplétude de la rationalité est manifeste dès l'évocation des traits généraux de l'heuristique, quelques exemples serviront d'illustration[123] .

* *L'Heuristique de l'affect*

Cette variante des heuristiques se situe en marge du concept en tant que tel, dans la mesure où elle est quasiment dépourvue de rationalité. Il s'agit en effet d'un comportement essentiellement émotionnel qui ne laisse que peu de place à la réflexion, et ce dans un deuxième temps seulement.

C'est ainsi que l'action – ou plutôt la réaction – est déclenchée presque simultanément par rapport à l'événement, sur fond de sentiments les plus divers tels que la peur, la rage ou encore un fort désir.

Qui plus est, un même événement peut déclencher des comportements heuristiques de nature différente suivant les personnes concernées : le travail des pompiers, pour risqué qu'il soit, obéit à une réflexion née de leur formation, lorsqu'ils installent la grande échelle pour sauver des personnes piégées par les flammes. Par contre, quelqu'un de non initié aux techniques de sauvetage, peut se précipiter au secours des victimes, sur la base du seul affect qui peut s'avérer désastreux d'un côté comme de l'autre.

---

[122] D. G. Goldstein et G. Gigerenzer (2002)cité in Guide de l' Economie comportementale 2018, p. 215

[123] Guide de L'Economie comportementale (2018) pp 216 -18

La contrainte temporelle intervient ici de façon importante : le « raccourci » de l'heuristique de l'affect joue d'autant plus que des alternatives plus « réfléchies » sont absentes.

Dans le même contexte, il faut tenir compte des comportements de consommation : un prix dit « promotionnel » conditionnera les consommateurs en ce sens qu'une telle possibilité pourrait vite disparaître ; le prétexte de vouloir orienter le consommateur de façon rationnelle cache le fait que les « promotions » sont trop souvent fictives.

L'heuristique de l'affect peut être considérée comme englobant en quelque sort les deux heuristiques qui seront exposées succinctement par la suite, à savoir l'heuristique de la disponibilité et l'heuristique de la représentativité.

*******L'Heuristique de la disponibilité*

Il s'agit d'une disponibilité immatérielle, c'est-à-dire d'une présence qui surgit de façon neuronale et qui est portée par la mémoire.

C'est ainsi que depuis les années 1970 des auteurs comme Kahneman et Tversky, suivis de nombreux autres, ont creusé les comportements spécifiques des investisseurs ainsi que des consommateurs « qui se souviennent ». En matière d'investissement, on se situe alors sur le terrain de la probabilité dans la mesure où les agents estiment qu'un investissement réalisé dans un contexte semblable s'est avéré profitable ; ceci évoque alors la théorie séquentielle de la probabilité traitée dans la première partie de notre étude.

Il n'est guère nécessaire de souligner la dangerosité d'un tel raccourci, devant l'évolution quasiment imprévisible des cours de Bourse. Cette problématique sera reprise au Chapitre VII, § 4.

Or, si un fond de rationalité peut être accordé au comportement de l'investisseur probabiliste, celle-ci semble difficile à trouver lorsqu'il s'agit du consommateur moyen dont la mémoire évoque le prix particulièrement bas de tel produit dans tel magasin et qui transpose ce souvenir pour en faire une orientation générale dans la direction du magasin en question.

La disponibilité plus ou moins riche accompagne également l'heuristique suivante, sans qu'l y ait une congruence parfaite.

*** *L'Heuristique de la représentativité*

Cette heuristique est reconnue comme étant de nature assez générale ; elle n'en est pas moins complexe.

Il faut remarquer au départ qu'elle fait appel à la probabilité, de sorte qu'elle est chargée de toutes les problématiques théoriques et d'application auxquelles il fut question au cours de la Première Partie.

Ici encore, les travaux de Kahneman et Tversky ont ouvert la voie à des analyses qui s'adressent à l'agent bien au-delà de ce qu'il montre d'« économique », bien qu'il figure avec son profil de consommateur ou d'investisseur.

C'est ainsi que le consommateur se laisse facilement piéger par la présentation d'un produit qui lui rappelle un produit similaire d'une autre marqué, en transférant cette impression positive vers un produit volontairement ressemblant et souvent, en ce qui concerne le fabricant, à la limite de la légalité.
Pour le consommateur, il s'agit d'un « raccourci cognitif » né d'un mélange de facilité et de satisfaction souvent peu durable.

Or, si la méprise du consommateur peut ne pas entrainer des conséquences trop graves, il risque d'en aller autrement de l'investisseur. En effet, les « bulles » restent souvent difficiles à détecter en dépit de la calamiteuse expérience des « subprimes »[124].

En ce qui concerne cette heuristique particulière, on est tenté de la situer devant l'exigence première de notre époque, à savoir la rapidité. En effet, si l'évolution technologique offre des possibilités qui ont pu paraitre orwelliennes jadis, elle nous pousse trop souvent vers une précipitation déstructurante à plus long terme.

**** *L'Heuristique de la reconnaissance*

Il a été fait référence aux travaux de Goldstein & Gigerenzer (cf. nbp 119), mais la spécificité au départ contre-intuitive de cette heuristique mérite d'être soulignée en tant que telle.

Quant à la terminologie, un avertissement concerne la traduction du terme « recognition » en anglais dont la traduction en français par « reconnaissance » pourrait induire en erreur et faire croire qu'il s'agirait d'une forme de gratitude, ce qui n'est pas le cas. En effet, on réalise ou devient conscient d'une situation.
L'heuristique de la reconnaissance implique conformément au cas général un « raccourci » du raisonnement, il s'agit ici plus spécifiquement d'une facilité concernant la prise de décision. En effet, cette théorie signifie qu'une quantité plus limitée d'informations peut aboutir à une meilleure qualité en termes de décisions à prendre.

---

[124] Exemple : la progression du cours de Beyond Meat, de 500%, six semaines après son introduction en Bourse à New York ; il s'gi de Burgers véganes et autres substituts de viande, l'action posant ainsi la question d'une « bulle végane » (citation par l'OBS no. 2850, juin 2019, p. 14)

Si les statistiques confirment cette constatation, l'appel à l'intuition souligne clairement l'incomplétude du raisonnement rationnel. On peut estimer par ailleurs en creux que ce procédé quelque peu « héroïque » va à l'encontre d'une entropie – d'un « fuzzy set » - qui mérite une analyse spécifique de chaque situation particulière.

Nous pensons que les différents cas cités laissent entrevoir la parenté avec le « satisfycing » de Herbert µA. Simon. Néanmoins, ce dernier est plus procédural et porteur d'une variabilité dans l'espace et dans le temps, des interprétations moins présentes dans les heuristiques.

Que dire à l'heure actuelle devant le panorama des heuristiques ?

Ils visent essentiellement l'individu bien au-delà de l'agent économique, mais il est facile de constater que les comportements de l'un envers l'autre ont évolué ; les consommateurs qui font la queue sont obligés de rester à l'écart l'un par rapport à l'autre à la recherche des biens de première nécessité, mais ils sont plus près l'un de l'autre de par leurs attitudes ; les sourires ont remplacé les poussées parfois impatientes, et on cède plus facilement sa place à une dame avec un bébé sur le bras et un autre à la main.

Plus généralement, il se manifeste un partage des joies et des peines qui fait reculer l'homme économique pour laisser apparaître plus nettement l'homme sociétal.

§ 2 Les Biais

Si les heuristiques représentent une démarche intellectuelle qu'on peut considérer comme un « second best » en l'absence d'une solution – ou conclusion – parfaite, les biais figurent en tant que concrétisation de cette démarche.

Les profils de ces comportements sont très nombreux ; la sélection a été opérée en tenant compte de l'orientation de notre étude, à savoir les stratégies à adopter en reconnaissant l'existence des phénomènes perturbateurs de la rationalité que sont les biais.

On les désigne le plus souvent sommairement en tant que *biais cognitifs,* mais nous allons différencier les biais cognitifs à proprement parler, des *biais sociaux.* En effet, les caractéristiques des uns et des autres peuvent guider les stratégies micro- et macroéconomiques à poursuivre, la rationalité étant très en recul.

* *Les biais cognitifs*

¤ Le *biais d'ancrage* peut être considéré comme l'un des plus importants de cette catégorie, et plus particulièrement dans le contexte de cette étude, puisqu'il constitue un lien, sinon une intersection non vide entre deux ensembles, par rapport au concept de l'illusion monétaire keynésienne.

Le biais d'ancrage signifie généralement que nous avons tendance à nous attacher à un repère – numérique ou autre – qui orientera notre appréciation d'une situation future. L'exemple-type est sûrement l'illusion monétaire keynésienne.

¤ Le *biais de confirmation* veut que nous cherchons à être rassurés : nos opinions accueillent favorablement les options d'autres personnes dans la mesure où elles sont conformes aux nôtres. Bref, nous n'aimons pas être « bousculés », ce qui en élevant quelque peu le débat, est *in fine* le reflet de l'instabilité générale de l'existence humaine.

¤ Le biais de *la rationalisation consécutive à l'achat* est peut-être moins reconnu et peut faire sourire au départ, mais il ne concerne pas seulement la présence d'innombrables sacs à main dans les armoires de la gent féminine. Il s'agit en effet de nombreux achats d'objets quasiment identiques à d'autres déjà acquis. Néanmoins, l'acheteur cherchera à se convaincre que tel achat était tout de même une excellente idée, celle-ci permettant les interprétations les plus diverses.

¤ Le biais du *statu quo* se réfère à la fuite devant le changement en général, en redoutant une détérioration de la situation actuelle, de façon spécifique ou générale. Cette attitude profondément conservatrice témoigne de la peur de l'inconnu, de sorte que souvent la situation – personnelle ou générale – doit être ressentie comme étant devenue insupportable, pour que le changement puisse survenir. D'où le dicton américain « if it ain't broke, don't fix it »[125].

¤ Le *biais du jugement négatif* signifie la tendance à balayer d'un revers de la main tout argument en faveur d'évolutions décidément positives, pour s'attacher à des manquements ressentis le plus souvent au plan personnel et considérés comme des pertes de bien-être : « C'était mieux avant » - l'« avant » étant le plus souvent assez opaque.

¤ Le *biais moutonnier* est sûrement le plus couramment cité et invoqué avec un mépris certain. Il mérite néanmoins une analyse plus spécifiquement sociétale. L'attitude du ralliement révèle en effet un désir d'appartenance, d'intégration, point seulement de la part de nouveaux arrivants dans la communauté civile ou professionnelle. L'intégration et la conformité sont rassurantes ; on peut aller plus loin et imaginer qu'une attitude plus autonome et donc moins conformiste

---

[125] « S'il n'est pas cassé, ne le réparez pas ».

pourrait exiger une rationalité relevant d'une logique acceptée de mise à l'écart.

Si on peut objecter qu'il s'agit d'un biais social, il nous semble que le support de ce biais reste tout dc même essentiellement personnel.

¤ Le *biais du présent* fait lui aussi partie des biais abondamment cités. Or, une fois de plus « l'homme économique » a du mal à expliquer la priorité du présent dans l'imagerie qui s'écarte de la rationalité atemporelle. En témoignent les obstacles qui s'étaient opposés pendant un temps certain dans l'opinion concernant la nécessité impérieuse d'une « politique du climat », en l'absence d'une menace apparaissant comme immédiate.

¤ Le *biais du cadrage,* une traduction quelque peu abrupte de l'anglais « framing », se réfère à la façon dont est présenté un contexte. Ainsi, on peut citer l'exemple traditionnel du verre qui est encore à moitié plein ou déjà à moitié vide ; encore serait-il bon de préciser s'il s'agit d'un cocktail médicamenteux ou spiritueux... Plus sérieusement, la question se pose dans le contexte de l'investissement : les résultats positifs réalisés par une entreprise peuvent attirer de futures actionnaires à qui on ne dit pas que d'autres groupes industriels affichent des résultats encore meilleurs. Le manque de compétence de l'acheteur présomptif facilite malheureusement le cadrage de la part du vendeur.

Sur un plan qui peut paraitre lus léger, on pense ici aux petites annonces immobilières qui vantent la vue splendide à partir de la fenêtre du salon d'un appartement à vendre ou à louer, en ajoutant qu'il s'agit d'un quatrième étage, mais en évitant soigneusement de préciser que l'immeuble ne possède pas d'ascenseur.

¤ Le *biais de dissonance*

Ce biais peut être interprété de plusieurs façons ; pour ne pas perdre de vue l'importance du domaine financier, il parait adéquat de faire appel au profil de l'investisseur amateur hélas fréquent : il constate qu'il a commis une erreur de placement importante, mais plutôt que de l'admettre – envers lui-même ou devant d'autres personnes – il reste attaché à l'idée d'une reprise rapide du cours de l'action, même si tous les signaux financiers s'inscrivent en faux contre cette idée.
Notre investisseur veut éviter d'être en dissonance avec lui-même !

¤ *Le biais de saillance*

Ce biais est aussi nommé biais de perception. Il signifie que nous avons tendance à privilégier des phénomènes « frappants » qui retiennent de ce fait notre attention, au détriment de ceux qui paraissent moins remarquables.
Ce biais particulier va réapparaitre au Chapitre VII dans le contexte de l'évaluation de l'inflation.

À la lumière de cette sélection de biais cognitifs, on peut s'étonner que les tenants de la théorie néo-classique continuent de défendre l'homme économique, cette dérivée ô combien partielle de ce que nous sommes !

Or, en cette fin d'avril 2020, nous sommes très largement privés de la possibilité de vivre nos biais cognitifs ; ici comme dans la configuration des heuristiques, la contrainte se fait sentir, peut-être plus douloureusement encore. On peut estimer qu'il s'agit d'une privation de jouissance très nettement en dehors de toute considération de rationalité.

** *Les biais sociaux*

Ici encore, il s'agit d'une sélection ciblée dans le cadre de notre étude. S'ils sont souvent considérés comme formant un ensemble avec les biais cognitifs, nous sommes de l'avis qu'ils méritent quelques considérations particulières.

¤ Le *biais de Halo*

On peut estimer qu'il s'agit du biais social le plus important et le plus frappant. Exprimé de façon générale, il s'agit d'un effet de perception qui s'adresse aux personnes aussi bien qu'aux marques commerciales ; nous allons néanmoins nous concentrer ici sur les personnes.

Le biais de Halo a été analysé en particulier par Solomon Asch[126], la conclusion étant que la première impression au sujet d'une personne l'emportera toujours sur les suivantes, qu'elle soit positive ou négative.

À notre époque, le premier exemple qui vient à l'esprit est naturellement celui du racisme. La lutte antiraciste s'efforce depuis des générations d'effacer les couleurs autres que blanche, mais aussi tout aspect autre que caucasien que présente une personne, du tableau des jugements personnels et professionnels. Ce halo négatif continue d'être combattu, ce qui prouve malheureusement son enracinement.

Parmi les bizarreries de nombreux sondages et enquêtes, on rencontre l'idée que le port de lunettes serait un signe d'intelligence, en tant que première impression.

---

[126] (in) Frank W. Schneider, Jamie A. Gruman, Larry MP. Coutt (2005) p. 233

Par ailleurs, les personnes de petite taille, diplômées et convoquées à une interview d'embauche, s'entendent dire que malheureusement la place était déjà prise.

¤ *Le biais d'une attribution à un groupe* peut être particulièrement cruel : on imagine la situation d'une personne qui a perdu son logement à la suite d'événements malencontreux et difficilement prévisibles et qui cherche un emploi ; appartenant désormais à la catégorie « SDF », elle pâtira de la réputation souvent fausse de « fainéants » qui frappe l'ensemble du groupe. Or, nous avons du mal à réviser un jugement, de sorte que même à la lumière d'un malheur dont une personne n'est pas responsable, reconnaître un comportement non justifié est plutôt rare.

¤ Le *biais de l'hypothèse d'un monde juste* n'est au fond pas moins cruel que le biais précédent ; de nombreuses enquêtes menées par des psychologues montrent que nous aurions trop souvent tendance à attribuer des événements malencontreux aux victimes plutôt que de voir la responsabilité chez celui qui fait figure de coupable.

Peut-être la crise du Covid-19 aura-t-elle ici un effet positif, de par le sentiment que « nous sommes tous logés à la même enseigne ». Non, la vie et le monde ne sont pas justes, mais à qui la faute ? Si des croyances peuvent pénétrer les interprétations, elles ne sauraient nuire au sentiment de solidarité qui l'emporte sur des tentatives d'explication se voulant rationnelles.

§ 3 Les Nudges

* *Définition*

Le terme de « nudge », d'utilisation récente dans le contexte économique, pourrait à première vue faire sourire, une suggestion sous-jacente étant une caresse incitative.

En effet, une publication de Richard Thaler et Cass Sunstein va dans ce sens[127] :

« Le nudge, un terme que nous utiliserons, est un aspect de l'architecture du choix qui modifie le comportement des gens d'une manière prévisible sans leur interdire aucune option ou de modifier de manière significative leurs motivations économiques. Pour ressembler à un simple « coup de pouce », l'intervention doit être simple et facile à esquiver. Les « coups de pouce » ne sont pas des règles à appliquer. Mettre l'évidence directement sous les yeux est considéré comme un coup de pouce, interdire uniquement ce qu'il ne faut pas faire ou choisir ne fonctionne pas ».

** *Interprétations*

Cependant, les mêmes auteurs ont publié antérieurement un ouvrage qu'on peut interpréter comme étant moins positif sous le titre « *Libertarian Paternalism* »[128]. Il s'agit en effet d'une formule orwellienne, et ce fait justifie à lui seul un certain recul devant l'approbation apparemment recherchée. Les prévisions – ou prédictions – d'Orwell avaient jadis créé un choc ; aujourd'hui, nous sommes allés bien plus loin, pour le meilleur comme pour le pire.

---

[127] Richard Thaler et Cass Sunstein (2009) pubiication en ligne, citation en traducton française de Wikipedia.
[128] Richard Thaler et Cass Sunstein (2003) pp. 175 - 179

En effet, si le terme de « paternalisme » nous est surtout familier dans le contexte des relations industrielles, il acquiert chez Thaler et Sunstein une dimension beaucoup plus vaste, signifiant une emprise sur la vie humaine dans son intégralité. On doit accueillir favorablement l'article sévère, mais juste de WW Houston « Nudge, nudge » dans lequel l'auteur met en relief l'ambiguïté du terme « libertarian »[129]. En effet, aucun choix n'est imposé par une politique, mais l'autonomie est-elle pour autant toujours respectée plutôt que violée ?

Dans la vie courante ainsi qu'au plan de nos décisions majeures, nous sommes trop souvent confrontés à des options « qui nous veulent du bien », et auxquelles nous devrions avoir la force de nous opposer. Or, c'est justement cette force qui ne devrait pas être sollicitée lorsqu'il s'agit de respecter pleinement notre autonomie.

D'où les réticences observées en France devant l'utilisation des nudges, en dépit de leur faible coût *a priori,* soulignées par Marie-France Villeval lors d'un entretien sur CORTEX[130] . En effet, un exemple récent vécu par l'auteur de cette étude concerne l'offre d'un logiciel à installer au prix de 1 €. Une fois la somme acquittée et l'installation opérationnelle, on vous signale que sauf rétractation sous quinzaine (formulaire difficilement accessible), la somme de 39 € sera prélevée désormais chaque mois du compte bancaire dont était parti le premier Euro ![131]

---

[129] William W. Houston, Nudge, nudge – « Libertarian Paternalism » is a linguistic atrocity that must die, The Economist, 10 août 2013

[130] Marie-Claire.Villeval (2017) Article (HTTPS ;//WWW.CORTEX-MAG.NET/TYPE/ASIDE/)

[131] La rétractation s'étant révélée inefficace, il a fallu l'annulation de la carte Visa pour mettre fin à cet abus.

Si on peut conclure que l'intention affichée est en quelque sorte le redressement de nos biais, pour nous ramener en quelque sorte sur le droit chemin, on doit revenir sur la définition générale des biais : ce sont des distorsions par rapport à une rationalité qui exigerait, par exemple, d'aller au-delà d'une première impression (cadrage).

Or, un nudge qui serait antiraciste s'adresserait à tous de la même façon, alors que les racines du racisme peuvent être fort diverses d'une personne à l'autre, incluant souvent un vécu personnel. Si celui-ci ne saurait en aucune manière justifier une mauvaise attitude, celle-ci mériterait d'être combattue de façon différenciée, ce qui va bien au-delà de ce que relève des nudges suivant leur définition convenue.

Les nudges pourront-ils servir de guide à la rationalité ? Ici, la temporalité joue son rôle : une alimentation plus saine en « obéissant » aux nudges doit favoriser la santé et ainsi *in fine* exercer un effet favorable sur la dépense publique, en passant par la Sécurité Sociale. À court terme, les nudges stimulent trop souvent « le désir de se faire plaisir », ce qui crée une contradiction évidente.

Ainsi, le lecteur aura constaté une réticence certaine de l'auteure de cette étude envers les *nudges,* redoutant une perte d'autonomie des agents dans le cadre d'une économie de marché néolibérale.
À l'heure actuelle, la problématique des Nudges semble être privée de ces bases. En effet, l'hypothèse du paternalisme et dans sa mouvance celle d'une perte d'autonomie ferait sourire si la situation était moins grave. Le désarroi des instances gouvernantes, tout en étant nié, est trop manifeste, en dépit des contraintes imposées.

§ 4 La Neuro-Économie

** Un précurseur quelque peu isolé*

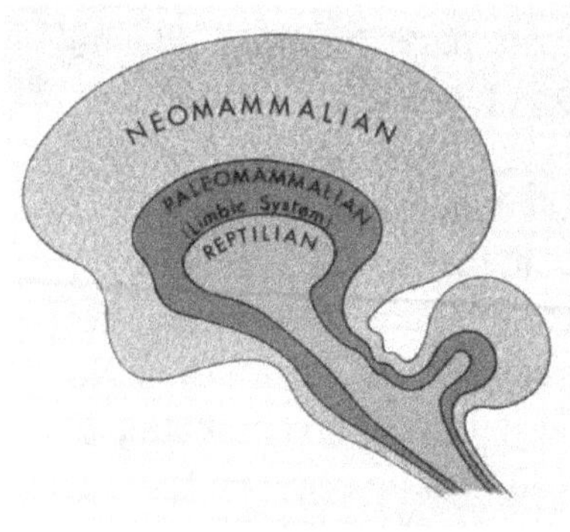

La Neuro-Économie peut être considérée dans le contexte de la configuration de l'économie comportementale, ce qui semble d'emblée à la fois logique et intuitif, puisqu'il y va de nos motivations qui deviennent des actes ou qui bloquent des processus que nous désirons rejeter.

Or, un neuro-physiologue américain a développé un schéma cérébral qui peut servir de base à une meilleure compréhension de ce que nous sommes, les uns et surtout les autres[132].

S'il est un fait que Paul D. MacLean a travaillé essentiellement seul sans rejoindre des cercles d'autres chercheurs, sa disparition en 2007 a donné lieu au rappel de sa classification de l'appartenance de nos neurones dont l'image se présente de la façon suivante : Le cerveau « reptilien » est le plus ancien ; il a pu naître il y a 500 millions d'années ; le second, le système « limbique » est celui des mammifères 'ordinaires', depuis 200 millions d'années, suivi de celui des hommes depuis environ 100 millions d'années : c'est le néocortex qui nous permet de penser, d'apprendre et de parler comme nous le faisons depuis et encore aujourd'hui.
D'après MacLean, les deux structures les plus anciennes occasionnent une grande partie de nos problèmes puisqu'elles ne sont pas capables de communiquer avec les neurones dont

---

[132] Paul D. MacLean (1990)

relève le langage. En l'absence de substances matérielles, ces rayonnements psychiques doivent être traduits en « comportements non verbaux », alors que seule la couche neuronale « la plus jeune » autorise un comportement « verbal »[133].

Or, il parait que nous ne nous soyons pas détachés des deux domaines les plus anciens. En remontant de la sphère la plus ancienne vers la plus récente, on peut parler d'instinct, sentiment et raison. Il est alors remarquable de constater que les travaux de MacLean suggèrent les racines de nos comportements, une analyse plus ciblée se trouvant chez Goldberg et von Nitzsch[134].

Ainsi, la couche « reptilienne », celle de l'instinct, nous inciterait à observer souvent un comportement moutonnier, lors des spéculations boursières, mais aussi lorsqu'il s'agit de se créer un « chez soi » - une niche !

Vient ensuite la couche « limbique » qui semble répondre aux sentiments de peur, de rage, mais aussi d'amour. Nous avons signalé la peur du changement appelé aussi la préférence du statu quo

Notre néocortex de « néo-mammaliens » nous donne la raison et la capacité d'apprendre. « Tant mieux pour nous », pourrait-on dire, mais cette capacité n'existe jamais en isolement puisqu'elle est rejointe par les phénomènes appelés « irrationnels » qui la rendent plus riche que ne le serait la raison seule.

La représentation de MacLean est aujourd'hui contestée ; parmi les critiques les plus connues on peut citer les

[133] Joachim Goldberg et Rüdiger von Nitzsch, pp. 165-169
[134] Joachim Goldberg et Rüdiger. von Nitzsch, op.cit., p. 168

recherches de Michel de Pracontal qui s'inscrivent en faux contre le modèle « tribune »[135]. Il reste l'image de la complexité de note cerveau, symbole de notre essence.

** *L'Echo des Neurones*

C'est en effet la complexité du cerveau qui ne permet pas de se contenter d'une interprétation figée de nos comportements telle qu'elle est proposée encore aujourd'hui par la théorie néoclassique du 'mainstream'. Elle défend toujours la poursuite de l'utilité espérée habitant les agissements des agents rationnels.

À l'opposé, les détracteurs de ce paradigme invoquent la nécessité d'efforts interdisciplinaires pour se rapprocher de la réalité de nos comportements en s'adressant aux neurosciences et aux mécanismes neuronaux ansi qu'jà la psychologie cognitive et sociale.

Plus précisément, l'hypothèse des décisions optimales est de toute évidence souvent violée, la plupart de nos décisions étant prises dans un environnement d'incertitude, qu'elle soit probabilisable ou non.

On peut citer en exemple le fait que manifestement les faibles probabilités ont tendance à être surévaluées, et les fortes, sous-évaluées. La cause souvent citée est la présence de la Dopaamine qui déclencherait ces réactions de façon plus ou moins accentuée.

Aussi, l'aversion au risque présente à des degrés divers chez tous les agents semble être due à la Testostérone ; elle nous rendrait entreprenant ou hésitant suivant nos « personnalités ».

---

[135] Michel de Pracontal (2001)

Dans le contexte monétaire, les statistiques témoignent du fait qu'une perte d'argent est davantage ressentie qu'un gain d'argent alors qu'il s'agit de la même somme.

Citons encore les décisions impliquant un choix temporel : le fait de pouvoir disposer d'un objet aujourd'hui (fut-ce une tablette de chocolat) plutôt que de deux demain, va clairement dans le sens du présent ; or, ceci ne vaut que pour le court terme, la différenciation s'estompe progressivement avec l'éloignement dans le temps, de sorte qu'on peut parler d'un décompte temporel hyperbolique.

Avant de revenir sur des situations précises, n'oublions pas que l'individu ne vit pas seul, mais dans un contexte social : la satisfaction, par exemple, est à double face puisqu'elle nous envahit du fait de recevoir de l'argent, mais également lorsque nous en donnons.

Cette dernière constatation peut servir de lien pour évoquer des situations, bien connues par ailleurs, où des comportements coopératifs ou non coopératifs nous éloignent de l'image de l'agent toujours rationnels.

Or, c'est le Dilemme du Prisonnier qui se reflète dans l'exposé de L'Équilibre non coopératif de Nash[136] qui souligne la complexité des comportements possibles.

Commençons par le cadre de cette réflexion :

En suivant la démonstration habituelle, et en dépit d'une certaine invraisemblance, nous sommes en face de deux malfaiteurs dont les méfaits sont avérés. Ils ne peuvent communiquer étant détenus dans deux cellules séparées et

---

[136] John Forbes Nash (1951)

ignorant en conséquence quelle sera la condamnation qui les attend en fonction des tris possibilités suivantes :

-Paul et Pierre se dénoncent mutuellement d'un crime commis : chacun est condamné à 3 ans de prison ;
- Paul dénonce Pierre et Pierre se tait : Paul sera libéré et Pierre est condamné 4 ans de prison ;
- Paul et Pierre se taisent : chacun sera condamné à deux années de prison.

Lorsqu'on suppose que les deux individus sont rationnels, ils vont s'accuser mutuellement, étant ainsi convaincus de défendre le mieux leurs propres intérêts. Or, ils auraient tous deux une condamnation moins lourde si aucun n'accusait l'autre.

Peut-on estimer que le fait de se taire, de la part de l'un ou des deux, équivaudrait à un esprit de coopération qui serait contraire à une attitude effectivement rationnelle ?

Une étude menée par Paul Omerod nous apprend que nous avons tous un « biais systémique » en faveur de la coopération[137]. Au-delà des enseignements didactiques du Dilemme du Prisonnier, on peut estimer qu'il s'agit d'un sentiment d'altruisme individuel ou collectif.

Transposant l'exemple du prisonnier sur un plan plus général, il faut citer l'équilibre non-coopératif de Nash, le sujet de sa Thèse soutenue à Princeton en 1950.

Puisque le terme d'« équilibre » évoque (à tour ou à raison, cf. la première partie de notre étude) une image positive, il faut préciser que dans le cas présent, ce terme signifie la poursuite

---

[137] Paul Omerod (2006)

d'une stratégie dominante à défaut d'une stratégie de coopération.

C'est ainsi qu'en gestion d'entreprise une firme applique une baisse des prix de vente sans connaître l'action ou réaction de ses concurrents qui eux aussi se comportent de la sorte. Or, la baisse des prix peut s'avérer trop forte et provoquant une basse de volume. Donc, une concertation à la suite d'une baisse de la demande, aurait été profitable pour les firmes en question.

La même considération vaut pour l'attribution des marchés publics, pourvu que des relations économico-politiques ne viennent pas perturber davantage l'idée de rationalité.

Un exemple souvent cité dans le cadre géopolitique est la crise des missiles de Cuba où effectivement la stratégie américaine en tant que stratégie dominante a prévalu sur la stratégie dominante soviétique ; l'engagement soviétique de ne pas envahir Cuba à la suite du retrait de leurs missiles ne saurait guère témoigner d'une « coopération ».

Or, si la stratégie dominante est appelée « équilibrée » parce qu'elle ne saurait être modifiée ni d'un côté ni de l'autre, nous sommes loin de l'optimum de Pareto où la situation d'aucun individu ne saurait être améliorée sans porter atteinte à celle d'un autre.

Allant plus loin et en anticipant sur l'exposé du Chapite VII, on peut affirmer que nous rencontrons ici un manque de confiance individuel des uns envers les autres, mais aussi plus généralement de nature systémique. L'économie de marché le veut-elle ainsi ?

En corollaire de cette dernière affirmation s'impose non seulement la mise en question de la rationalité de la théorie néoclassique, mais autant l'harmonie de la « main invisible » d'Adam Smith appelée à calmer les conflits et à nous approcher d'une véritable vie ensemble.

§5 L'intelligence artificielle : le paradoxe de l'humain[138].

** De Wittgenstein[139] au Cloud*

L'intelligence artificielle, existe-t-elle ? Ce débat jamais clos depuis le début du phénomène au milieu des années cinquante du siècle passé, a certainement sa place dans le contexte de notre étude, étant donné les possibilités offertes par ses fonctionnalités, à la réalisation des stratégies et finalités poursuivies.

Or, si le philosophe Ludwig Wittgenstein ne saurait être considéré comme « l'inventeur » de l'Intelligence Artificielle, ces travaux, et plus particulièrement les *Investigations philosophiques* ont ouvert la voie à des avancées aussi bien qu'à des mises en question.

Dans le contexte présent, nous allons nous référer essentiellement à l'article de *Pierre Wagner*[140] que les écrits de Wittgenstein inspirent globalement à la question de savoir « quelle part de la pensée humaine est réductible à des opérations de calcul » (p. 7 de l'article cité). On sait qu'en allant au-delà, de nombreux philosophes évoquent la difficulté de définir l'essence du calcul en tant que tel…

Un exemple figurant p. 12 de l'article de Wagner peut suffire (si on ose dire…) pour mettre en relief la complexité de toute action humaine :

---

[138] Serge Magdeleine 2019) pp. 14 - 15

[139] Ludwig Wittgenstein (1953)

[140] Pierre Wagner (2005) pp. 181 - 196

Au paragraphe 200 des Investigation philosophiques, Wittgenstein évoque le cas de deux joueurs qui jouent aux échecs selon des règles inhabituelles, en émettant « des hurlements et des trépignements », dans le cadre d'une traduisibilité en un jeu d'échecs. *Mais est-ce encore un jeu d'échecs ?*

Nous pensons que cette question garde toute son actualité : l'action traduite, est-elle encore cette action, ou est-ce que « la machine » en fait autre chose ?

Or, sans trop d'égard pur ces questions décisives sinon essentielles, « les machines » qui étaient au sur le point de devenir des ordinateurs à la fin de la vie de Wittgenstein, nous ont envahis, en devenant « l'appendice numérique de nos comportements »[141].

Cette affirmation est à la fois surprenante et rassurante, du fait qu'elle vient d'un membre des professions financières. Ainsi, dans les banques et autres institutions financières ont n'est pas dominé par les chiffres et donc par l'informatique, on gère cet « appendice » qui va toujours plus vite.
En rappelant ce qui fut dit au paragraphe précédent, nous pourrions retrouver ainsi un nouveau support de nos émotions : la couche limbique de notre configuration cérébrale et donc une sphère non verbale, mais à la jonction avec la sphère néo-mammalienne, celle de la parole.

Suit l'archivage dans le *Cloud* qui reste pour beaucoup d'entre nous une nébuleuse qui exige non seulement la confidentialité, mais avant tout la confiance faite au banquier comme au médecin, logées dans la sphère émotionnelle : l'humain l'emporte sur le technologique.

---

[141] Serge Magdeleine, art. cité, citation p. 14

Avant de commenter les travaux de quelques chercheurs dont les prises de position, très diverses en matière d'Intelligence Artificielle ont rencontré un écho certain, la réflexion se trouve stimulée par une remarque entendue récemment par l'auteure de cette étude :

« *L'Intelligence Artificielle ne peut reconnaître que des choses qu'on sait d'avance ; c'est la décision qui est artificielle* »[142].

***Herbert A. Simon*

Le lecteur a déjà fait la connaissance de Simon, mais il s'agit ici d'évoquer ses prises de position quelque peu mécaniciste en matière d'Intelligence Artificielle[143]. Il est catégorique au sujet de la théorie néoclassique, l'affligeant d'une idéalisation de par l'utilité ou le profit.

Il existe pour Simon une grande similitude entre le cerveau humain et l'Intelligence Artificielle, puisqu'il s'agit d'après lui dans les deux cas d'un système de symboles, la particularité du cerveau étant simplement le fait qu'il s'agit là de symboles physiques.

Notre étude est particulièrement concernée par le fait que la rareté économique fait ici figure d'un artifice d'adaptation qui répartit ce qui est rare. Les anticipations rationnelles, chères à la théorie néoclassiques, deviennent des « anticipations déstabilisatrices », dans la mesure où chacun d'anticiper ce que vont anticiper les autres… Ceci signifie qu'il n'y a pas d'observations empiriques.

---

[142] Commentaire de Bernard Girard, Université de Paris 1, lors d'une séance de travail avec l'auteure de l'étude, le 20/01/2019.
[143] Herbert A. Simon (1996)

Il parvient ainsi à la définition d'une rationalité procédurale qui représente l'Intelligence Artificielle et qui avait déjà préalablement dans ses recherches relayé au second plan la rationalité substantive. Le problème humain consiste alors d'adapter notre rationalité aux limites de nos capacités cognitives.

Dans ce contexte, le traducteur (Jean-Louis Le Moigne) évoque à très juste titre un problème de traduction : traduire l'anglais *« bounded rationality »* par « rationalité limitée », ce qui est fait le plus souvent, semble faussement péjoratif, de sorte qu'il vaudrait mieux parler de « rationalité interne » (dans la bonde).

Si les commentaires de Simon au sujet de la rationalité interne sont enrichissants, on peut être quelque peu déçu du fait de voir rangé l'esprit humain dans le même tiroir que l'Intelligence Artificielle, sans que le premier s'y trouve mal à l'aise. Retenons néanmoins l'aspect comportemental souligné par Simon qui converge vers les stratégies et finalités suggérées au fil de notre étude.

*** *Yann Le Cun*[144]

Pour Le Cun, les mérites de l'Intelligence Artificielle sont évidents : en effet, grâce à elle, d'innombrables processus peuvent désormais se dérouler mieux et plus vite, tels que les examens médicaux et les diagnostics, en évitant très largement les faux positifs comme les faux négatifs. Il reconnait par ailleurs – et c'est ici qu'il rejoint implicitement Kœnig, comme on va le voir –, que l'Intelligence Artificielle peut aussi devenir une machine à vendre, en permettant aux entrepreneurs d'augmenter les prix sans pour autant trop pénaliser leur profitabilité (cf. Chapitre V).

---

[144] Yann Le Cun (2019)

Toujours est-il que Le Cun, soucieux apparemment de « calmer le jeu » et ne pas affoler un public en mal de compréhension, dit ceci : « *Pour l'instant, les plus sophistiqués des ordinateurs n'ont pas l'intelligence d'un chat* »[145]

****_Gaspard Kœnig_[146]

Quant à Gaspard Kœnig, il fait preuve d'une grande retenue : il perçoit en toile de fond des algorithmes une manipulation de masse menaçant le libre arbitre de chacun. Pour cette raison, il préconise la propriété privée de l'ensemble des données personnelles.

Par ailleurs, Kœnig accuse les machines de l'Intelligence Artificielle d'être dépourvues de « sens commun », ce qui n'est pas facilement accessible ; il faut croire que les machines visent « trop haut » ou « trop bas » par rapport à l'être humain. Les interactions sociales semblent se situer également hors du champ de l'IA.
Néanmoins, l'accusation la plus forte qu'adresse Kœnig à l'IA concerne l'absence de choix moral. Nous sommes en face d'une personnalisation où les incitations et les Nudges (cf. supra !) s'adressent directement à des agents économiques individuels, ce qui renforce évidemment leur dangerosité.

On peut conclure que l'Intelligence Artificielle, comme tout paradoxe, ne cessera jamais de nous interroger.

---

[145] Yann Le Cun (2019) cit. p. 32
[146] Gaspard Koenig (2019)

Chapitre VII
Un modèle comportemental keynésien

Rappel

Cette étude vise la mise en œuvre de stratégies devant permettre d'atteindre les finalités de la politique économique ; or, si la théorie néo-classique toujours dominante admet aujourd'hui des corrections sur le chemin de l'évolution, ce n'est que le recours à une politique résolument keynésienne qui saura infléchir une tendance lourde mise en question ici.

Avertissement

Notre modèle sera « keynésien » et point « néo-keynésien », en ce sens qu'il écarte les tentatives d'une synthèse « néo-classique <->keynésienne » dont il apparait qu'elle fait de la théorie keynésienne le parent pauvre ou la victime d'une volonté de récupération.

Notre sujet concernant les stratégies du Bien-Être dans un contexte de croissance, nous nous contenterons ici de constater que « les modèles de la nouvelle synthèse ignorent le chômage involontaire keynésien parce qu'ils présupposent la validité totale du 'second postulat classique'[147] et ne

---

[147] Définition : « L'utilité du salaire quand un volume donné de travail est employé est égale à la désutilité marginale de ce volume d'emploi » ; Nicolas Piluso (2013) cit. p.7

modélisent pas… une rigidité à la baisse du taux de salaire réel »[148].

Ainsi, dans la suite de l'exposé on restera fidèle à la signification originale du modèle IS-LM pour ce qui est du rôle de la monnaie et de l'asymétrie du rapport salarial.

§ 1 L'homme du nouveau paradigme[149]

* *Les acquis*

Nous nous référerons au départ de nouveau à Herbert A. Simon en signalant qu'au fil du temps il s'est écarté de façon importante du paradigme néo-classique. Dans le contexte de la rationalité, celui-ci peut-être résumé très succinctement de la façon suivante :

L'être humain est fondamentalement égoïste, individualiste et non intégré socialement. Il vise des objectifs précis dans un environnement prédéterminé, d'où l'hypothèse de rationalité « substantielle » avec un ajustement permanent des moyens aux fins. L'agent possède par ailleurs des capacités cognitives illimitées qui font de lui dans un contexte d'incertitude probabilisable un véritable *homo oeonimicus.*

Devant le manque de réalisme de cette hypothèse, Simon avait développé dès 1986 ses modèles de « bounded rationality »[150]. Tout en restant attaché à l'« ancien » paradigme que Béjean, Midy et Peyron désignent comme celui de la rationalité « exogène »[151], l'optimisation étant maintenue comme cible essentielle.

---

[148] Nicolas Piluso, op. cit. p.14

[149] Sophie Béjean, Fabienne Midy, Christine Peyron (2017)

[150] Herbert A. Simon (1982)

[151] S. Béjean, F. Midy, C. Peyron, op.cit. p.4

Néanmoins, dès 1976 Simon avait introduit le terme de « rationalité procédurale »[152] Il s'avère alors de plus en plus clairement qu'un nouveau paradigme est en train de naître que Béjean, Midy et Peyron désigneront par le terme de « rationalité endogène » :

« *Si l'incertitude est radicale, et donc non probabilisable, les croyances des individus sont irréductibles à des probabilités, fussent-elles subjectives : la maximisation d'une utilité, l'utilisation des règles du calcul bayésien et, plus généralement, le principe de réduction-déduction deviennent alors impossibles* »[153]

La décision est ici le fruit d'un processus qui n'est plus franchement égoïste et qui peut tenir compte de l'intérêt général, et la méfiance envers l'autre peut s'effacer (ce dernier aspect sera développé ultérieurement).

Dans ce processus interviennent les heuristiques ainsi que l'intuition, et donc l'irrationalité. Rien n'est figé, l'individu a cessé d'être une sorte de marionnette que le fil de l'égoïsme dirigerait vers un objectif prédéterminé.

** *Et à notre époque ?*

L'agent « comportemental » a toujours du mal à se défaire des oripeaux de la maximisation de l'utilité, puisque ceci signifie inexorablement d'ouvrir la porte (fut-ce la porte sur cour) à l'irrationalité.
Pour ce qui est plus particulièrement des modèles de « coûts » (de la réflexion qui engendre la décision), le commentaire de X. Gabaix a le mérite de la franchise :

[152] Herbert A. Simon (1976)
[153] S. Béjean, S. Midy, C. Peyron, op.cit. citation p. 15

« … I do not include thinking costs in the welfare metric. One reason is that thinking costs are very hard to measure… "[154]

Cet aspect particulier est souligné par Déjean, Midy et Peyron, sur fond d'un certain pessimisme[155] :

« Les modèles de « coûts » (qui cherchent à minimiser le coût de la décision), dans la lignée des modèles de 'search' de Stigler, accentuent finalement les capacités de calcul nécessaires pour prendre la décision : l'individu est doté de la connaissance de sa propre méconnaissance ».

Rappelons tout de même ce que nous avions dit à cet égard au paragraphe introduisant les heuristiques : les connaissances que possède l'agent sont incomplètes et limitées, mais suffisantes pour développer des stratégies.

Il importe alors de tenir compte l'interprétation de Jon Elster, de la rationalité telle qu'elle apparait au niveau de l'agent individuel ; il s'avère en effet que rationalité et irrationalité sont intimement liées et même souvent congruentes de façon intertemporelle.

Le raisonnement d'Elster aboutit, bien qu'avec certaines réserves, à l'affirmation suivante : « *Les désirs constituent les données primitives dans le schéma de l'action rationnelle* »[156]. Comment est-il arrivé à cette conclusion ?

La théorie du choix rationnel est normative. L'agent sait ainsi ce qu'il doit entreprendre pour parvenir à ces fins. Cependant, « *la rationalité ou l'irrationalité d'une action n'est pas un*

[154] Xavier Gabaix (2018) p. 24
[155] S. Béjean, F. Midy, C. Peyron, op.cit., citation p. 12
[156] Jon Elster (2010) citation p.41

attribut de l'action elle-même, mais du processus qui l'engendre »[157]. En entend Herbert A. Simon…

Or, même une réalisation qui est conforme aux normes du choix rationnel peut avoir été déclenchée par des émotions telles que le désir. On peut alors penser au désir « de faire du bien ». En effet, l'émotion ressentie devant les images d'enfants handicapés en fauteuil roulant conduit au désir de les aider, ce qui devient tout à fait rationnel lorsque le don facilite la motricité des petits malheureux tout en épaulant les attributions publiques.

Il nous semble que ces réflexions conduisent à nier l'indépendance et donc l'isolement possible de l'action rationnelle.

§ 2 Monnaie et travail

** Le taux d'intérêt « neutre » ou d'« équilibre »*

« The neutral rate of interest can be (…) defined as the rate of interest which prevails in equilibrium when output and employment are such that the elasticity of employment as a whole is zero »[158].

Ainsi, dans cette situation la politique monétaire ne saurait stimuler ou freiner l'évolution, en considérant le taux d'intérêt présent comme guide. Exprimé autrement, on observera une tendance à l'égalisation du prix des facteurs à la Hechkscher-Ohlin.

---

[157] Jon Elster, op.cit., pp. 25-26

[158] John Maynard Keynes (1961 éd. MacMillan) citation p. 243

S'il était important de rappeler la définition keynésienne, la situation actuelle en est malheureusement éloignée, dans de nombreux pays, et notamment en France.

Or, la plupart des modèles néo-keynésiens et « behaviorist » semblent quelque peu héroïques[159] en ce sens que le taux neutre (ou naturel) serait celui qui est observé en l'absence de toute friction sur le plan des prix (… « if all pricing frictions were removed »). On pense pouvoir interpréter « les prix » comme les prix des facteurs aussi bien que ceux des biens.

Nous estimons en effet que les modèles ne devraient as trop se distancer d'une réalité qui s'impose ; les structures des économies de marché sont de toute évidence oligopolistiques – un mot suffit : GAFA –, ce qui signifie que la négociation permanente comprend l'ensemble des transactions, y compris celles qui ont lieu entre les producteurs-fournisseurs, les acheteurs-consommateurs, et les banques. Il s'agit de beaucoup plus que de « frictions » à mettre entre parenthèses.

Ce qui vient d'être dit vaut autant sinon davantage pour l'e-commerce où la force de l'image frappe l'internaute pour faire dévier son intérêt dans telle ou telle direction.[160] .

Cependant, même dans une configuration de plein emploi des facteurs, le taux d'intérêt neutre ne saurait être saisi directement et ne peut être qu'estimé. À plus long terme, il dépendra de la présence de fonds d'épargne disponibles pour l'investissement. Dans ce contexte, on observe pour l'ensemble des économies des pays développés une baisse importante de ce taux depuis les années 1970.

---

[159] Cf. par exemple Xavier Gabaix, op.cit. p.4

[160] Aninoya Ghose et Bin Gu (2008)

À titre d'exemple, le taux d'intérêt neutre estimé pour les États-Unis a baissé de 2.7 % en 1972[161], à 1 % en septembre 2018.

On constate par ailleurs que la fin de la guerre froid vers la fin des années 80 ne semble pas avoir infléchi cette évolution, de même que la crise financière de 2007/2008 n'a point bouleversé la tendance lourde.

De nombreux facteurs peuvent contribuer à expliquer cette évolution :

- L'hypothèse de la *stagnation séculaire* veut que les besoins en capital aient baissé du fait des nouvelles technologies moins demandeuses de fonds et donc de crédit ; on peut tout de même ajouter que la politique financière joue un rôle important, surtout au niveau des petites et moyennes entreprises ;
- L'élévation de la productivité constitue un facteur lié au facteur précédent. On estime généralement qu'une productivité plus élevée exige des investissements nouveaux et devrait engendrer une hausse du taux d'intérêt. Or, l'augmentation de la productivité reste modeste, ce qui freine le taux d'intérêt ;
- Un surcroît d'épargne : cette hypothèse se réfère à la globalisation des marchés financiers qui a conduit à une sorte d'inondation grâce à l'épargne chinoise surtout au début des années 2000, ce qui a fait baisser la rémunération de ces fonds ;
- Des placements sûrs et l'aversion au risque : qu'il s'agisse de « Treasury Bills » ou de Bons du Trésor, ces titres offrent une sécurité maximale qui continue d'être appréciée, même si la rémunération est devenue quasiment symbolique. Une telle attitude possède des racines émotionnelles, un manque de confiance qui s'explique par des effondrements largement médiatisés, à commencer celui de Lehman Brothers ;
- La démographie : Des recherches aux Etats-Unis, en Europe et au Japon témoignent du fait que la démographie des pays

[161] Michael Ng et David Wessel (2018)

développés exerce une forte pression à la baisse du taux d'intérêt neutre. L'augmentation de l'espérance de vie incite à épargner davantage devant l'horizon de la retraite, et il s'y ajoute en France à l'heure actuelle l'incertitude de l'âge du départ à la retraite.

Ainsi, le taux d'intérêt « neutre » ou « naturel » est un phénomène hybride aux racines multiples qui se soustraient du moins en partie à un choix rationnel.

*** Le taux « naturel » ou d'« équilibre » du chômage*

(i) La double hypothèse de Milton Friedman

L'hypothèse d'un taux naturel du chômage a été formulée par Milton Friedman après la Deuxième Guerre mondiale en la faisant reposer sur deux sous-hypothèses[162]. Ainsi, le taux naturel du chômage serait indépendant de la politique monétaire, et il n'y aurait pas d'arbitrage à terme entre l'écart du taux du chômage naturel et l'inflation.

Quant à la première sous-hypothèse, Friedman admet des adaptations aux données spécifiques, y compris les « imperfections des marchés des facteurs », mais il reste fidèle au contexte néo-classique walrasien de l'équilibre général.

La seconde sous-hypothèse affirme qu'à terme une politique monétaire maintenant le taux de chômage en dessous de son taux naturel, créerait inévitablement une inflation évolutive.

Or, Blanchard ne rejette pas l'hypothèse de l'indépendance du taux naturel du chômage de la politique monétaire, vérifiée au plan macro- et microéconomique, ni l'hypothèse de l'accélération de l'inflation dans le cas d'une politique

[162] Olivier Blanchard (2017)

monétaire maintenant à terme ce taux en dessous du taux d'équilibre. Ses analyses sont, selon le Résumé de l'article, « suggestives », mais point « concluantes ». Elles pourraient donc faire figure d'hypothèse zéro et exiger des preuves statistiques justifiant un rejet.

Nous tenons à ajouter que les phénomènes de *saillance* et d'*hystérésis* figurant dans l'article de Blanchard en tant qu'éléments perturbateurs, seront traités au §3 ci-après ; elles ne sauraient guère faciliter les stratégies que nous préconiserons en enrichissant l'analyse de composantes décidément irrationnelles.

En attendant, le concept même du taux de chômage naturel sera examiné à la suite du commentaire de la mise en relief de la situation en France.

(ii) Le contexte français

Jusqu'à l'avènement de la crise du Covid-19, un fait remarquable est sans doute la disparition de l'écart de production, attendue dès l'été 2018[163]. Il est vrai que pendant plusieurs années, la croissance effective en France avait dépassé la croissance potentielle, ce qui mérite des explications différenciées sur le plan des deux facteurs de production, travail et capital.

Sous réserve de situations variables entre branches, des heures supplémentaires et/ou le travail en trois équipes a souvent servi de recours, pour pouvoir satisfaire les commandes et compenser l'insuffisance des équipements installés. Il ne faut alors pas surestimer l'effet sur l'ensemble de la population active, le travail « en trop » ne pouvant être confié à des

---

[163] Banque de France (2018)

« outsiders », pour cause de manque des connaissances techniques requises.

Certes, le chômage a baissé en France, grâce à des efforts de formation venant du secteur public et aussi de façon moindre du secteur privé ; néanmoins, un taux de chômage actuellement de 8 % ne saurait inspirer trop de satisfaction.

Toujours est-il que l'inflation est faible depuis plusieurs années, accompagnée de l'atonie du marché du travail, ce qui semble contredire cette icône de la théorie économique qu'est la courbe de Phillips.

Plusieurs faits expliquent l'enchevêtrement des deux variables[164].
Bien que les commentaires auxquels il est fait référence dans l'article de « La Rue de la Bourse » s'adressent à la zone Euro dans son ensemble, ils permettent de cibler plus particulièrement la France.

Une contribution importante est venue de la baisse des prix à l'importation surtout pour ce qui est du pétrole ;

Pendant la crise qui avait débuté en 2007, les pertes d'emploi ont concerné prioritairement des salariés peu qualifiés, et si avec la reprise ces emplois ont de nouveau été occupés, leur faiblesse relative est essentiellement responsable du fait que cette intégration a fait baisser le salaire moyen ;

Étant donné la rigidité des salaires nominaux à la baisse, une fois la croissance retrouvée, les entrepreneurs freinent néanmoins les hausses de salaire ;

---

[164] La Rue de la Bourse (2018)

La présence plus forte des femmes sur le marché du travail, en grande partie au niveau des bas salaires, a entrainé une augmentation de l'offre de travail et donc une tendance à la baisse des salaires moyens pondérés.

Ainsi, la faible inflation française est imputable à une conjonction de vecteurs intérieurs et extérieurs, alors que l'évolution du chômage en France fait appel à des considérations spécifiques.

Les explications qui précèdent aboutissent à l'affirmation d'une courbe de Phillips à première vue « plus plate », mais une comparaison des trajets des deux variables, chômage et inflation, présente un nuage de points difficile à attribuer à une fonction représentative d'un lien.

En effet, l'examen des causes du chômage en France conduit Bernard Guerrien à la constatation suivante :[165] le marché du travail reflète un rapport de force entre offreurs et demandeurs.

En conséquence, les employeurs ont la voie très libre devant la faiblesse du front des travailleurs mal représenté du fait des dissonances entre les syndicats et d'une syndicalisation généralement faible en France, surtout par rapport à l'Allemagne. Le fait qu'il n'existe pas l'algorithme en mesure d'exprimer un rapport de force, ne donne pas plus de poids aux défenseurs néoclassiques et même parfois néokeynésiens, pour soutenir une courbe de Phillips sérieusement ébranlée par les statistiques.
Devant cet *imbroglio,* on cherche en vain un taux de chômage qui serait « naturel », nonobstant un accord quasiment général en ce sens que ce n'est sûrement pas le taux de 8 % qui saurait être accepté à ce titre.

---

[165] Bernard Guerrien, op. cit. pp. 404-405

Nous estimons qu'il était nécessaire de dessiner la situation au plan national, avant qu'elle soit non seulement bousculée, mais écartée à court et moyen, si non à long terme, par la débâcle sanitaire. Avant de reprendre la problématique d'un taux de chômage dit « naturel » qui recule certes devant la configuration immédiate, on peut manifester un certain optimisme, devant latile de fond suivante :

La grave crise qui frappe non seulement la France, mais l'ensemble des pays, a ceci de particulier qu'elle porte atteinte aux offreurs comme aux demandeurs, et ce à tous les niveaux. Un chômage massif qui se dessine déjà, devait peser lourdement sur la demande, de sorte que nous serions confrontés avec un cercle vicieux non seulement biaisé, mais déséquilibrant en profondeur.

Seul le soutien de la BCE vers laquelle tous les regards se tournent, sera à même de « sauver l'Europe ». Cette conclusion déjà largement partagée jette une lumière nouvelle et singulière sur des économies néolibérales jusqu'ici convaincues de l'idée d'un équilibre toujours retrouvé… de lui-même ?

iii) L'illusion du taux de chômage « nature » l[166]

Le taux de chômage naturel ne saurait être qu'estimé. Cependant, s'il n'existe pas de paramétrage, comment peut-on le cerner autrement ? S'il est le résultat d'un rapport de force, comme l'affirme Bernard Guerrien, il n'a rien de « naturel » ! Le graphique qui suit illustre les différentes variantes.
Nous voyons revenir ici le concept d'équilibre, le fil rouge de la théorie du « mainstream » et compagnon de route ici pour ce qui est du marché du travail. Ainsi, le chômage naturel est le volant qui subsiste lorsque le marché du travail est « en

---

Sergio Rossi (2018)

équilibre », lorsque l'offre rencontre la demande des travailleurs.

Or « le travail aura toujours lieu », car il n'est guère possible d'envisager l''activité économie reposant sur le seul facteur du capital. Formulé autrement, les travailleurs iront à la recherche d'un salaire, et les employeurs à la recherche de bras – ou de cerveaux – pour faire réaliser leurs projets.

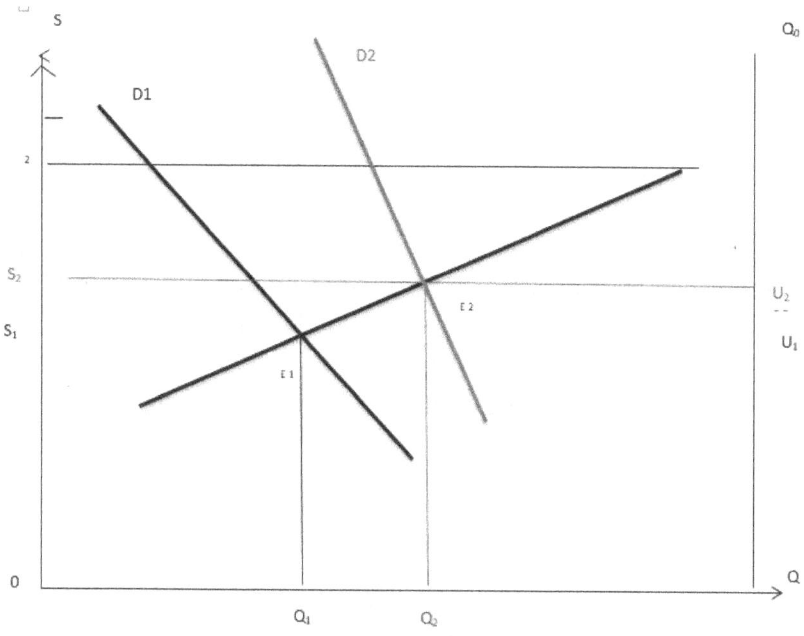

Q demande de main d'œuvre : D_1 en t_1, D_2 en t_2
O offre de travail supposée stable pendant l'évolution de t_1 en t_2
S taux de salaire : S_1 en t_1, S_2 en t_2
E_1 équilibre en t_1 ; E_1 - U_1 = taux de chômage en t_1
E_2 équilibre en t_2 ; E_2 – U_2 = taux de chômage en t_2

Une forte rentabilité joue en faveur des travailleurs, de sorte que l'offre rencontrera la demande à un niveau relativement élevé de salaire ; dans le cas d'une conjoncture plus faible, le patronat exercera une pression à la baisse sur les salaires, fut-ce par des déqualifications.

Il s'y ajoute un manque de confiance de part et d'autre.

On suppose l'Offre *a priori* moins élastique que la Demande par rapport au taux de salaire ; une armée de réserve ? La référence au graphique dit ce qui suit :

En partant de l'évidence que le marché du travail est le reflet de la situation sur le marché des biens et services, une hausse de la demande sur le marché des biens et services pourra rendre la demande sur le marché du travail plus « verticale », les employeurs étant prêts à payer des salaires plus élevés si leurs ventes le justifient. Ainsi, on constate une hétérogénéité de la demande de travail[167] au niveau micro- aussi bien que macroéconomique. En effet, un niveau de qualification plus élevé, en rendant la courbe de demande plus verticale, offrira une meilleure emprise aux offreurs qui pourront « se vendre » plus cher. Ainsi, la quantité du travail effectif s'accroit et le chômage diminue, passant de $E_1 - U_1$ à $E_2 - U_2$.

Dans le cas inverse, une baisse de la demande sur le marché des biens et services pourrait entraîner des licenciements « pour raison économique », alors qu'une baisse des salaires se heurterait à la fois à la réglementation en vigueur et à l'illusion monétaire ; d'où une aggravation du chômage.

En ce qui concerne le comportement de la fonction d'offre, il peut arriver que l'offre augmente en cas de baisse effective du salaire pour cause de restructurations individuelles ou de branche, dans le but de maintenir le revenu du ménage. Les considérations théoriques portant sur le partage travail/loisir paraissent peu réalistes dans la situation actuelle de

[167] Économie et statistique, INSEE (1979), p.163

nombreuses entreprises, entre autres en considérant l'impact de la concurrence étrangère au niveau des marchés.

Si cette dernière constatation est d'essence macroéconomique, le raisonnement s'adapte également au contexte microéconomique, même en admettant que l'hypothèse du prix unique s'effondre dans le contexte oligopolistique dominant aujourd'hui.

Par ailleurs, le marché du travail est moins affecté par les variations de la demande dans les branches de la production qui sont fortement capitalistique et où le niveau des salaires a moins d'impact sur le comportement anticipatif et donc sur la « verticalité » de la courbe de demande.

En marge de notre sujet, on peut tout de même faire mention d'une « curiosité » : le marché du pétrole connaît actuellement une réduction de l'offre, mais une réduction encore plus forte de la demande, d'où un prix qui serait quasiment négatif pour l'automobiliste français si le prix au litre de carburant ne représentait pas environ 80 % du prix de vente à la pompe. La structure de la branche fait que le marché du travail n'est ici pas influencé de façon importante par les événements au mois d'avril.

En résumé, s'il y a toujours un point de rencontre entre l'Offre et la Demande sur le marché du travail, le terme d'« Équilibre » est loin de représenter en général une situation satisfaisante, même lorsque momentanément le rapport de force s'inverse.

Ajoutons l'avertissement de Joseph Stiglitz au sujet du taux naturel du chômage :

« Ce fut comme si un édit royal établissait le taux naturel comme une nouvelle constante universelle. »[168]

Une telle constante est désormais en veilleuse. Le manque de confiance évoqué risque de se situer davantage du côté des demandeurs de main d'œuvre que de celui des offreurs. En dépit des aides massives promises, il y aura des « sacrifiés ». Avec un certain cynisme, on peut estimer que les offreurs seront (pour une fois !) plus soutenus, devant le spectre d'un soulèvement populaire et devant la toile de fond des élections à venir.

(iv) Une autre réalité

À la fin de ce paragraphe, nous voudrions opposer au discours friedmanen une réflexion qui est propre à notre époque, mais qui, contrairement aux commentaires plutôt prudents d'Olivier Blanchard, blotti la double hypothèse dans l'ombre :

À la différence du monde des années cinquante et soixante, le nôtre ne connait plus de séparation entre les sphères réelle et financière[169] :

« Le capital n'a plus à passer par le détour de la production pour fructifier, sa simple circulation engendre une création de capital neuf... Or, pour continuer de croître, la finance doit créer davantage de monnaie (en octroyant des prêts) et transformer de nouveau flux d'argent en actifs financiers (par exemple en titrisant des dettes). »

L'économie réelle est ainsi « happée » par la finance. Le lecteur ne devrait pas avoir de mal à comprendre que nous retrouvons ici la rationalité dans une certaine errance, étant

---

[168] Alternatives Économiques (2019)

[169] Blog de l'internaute "Raymond" à la suite de Bernard Guerrien, op. cit. , même date.

donné les risques qui accompagnent le monde financier et qui n'est donc désormais plus seul ou isolé.

Or, à la lumière des événements récents, la question se pose de savoir si cette imbrication sera bouleversée, et si oui, de quelle manière. Plusieurs grands groupes ont déjà fait savoir que leurs actionnaires devraient se passer de dividendes en 2020, le Ministère des Finances ayant fait savoir que seuls ceux qui emprunteraient cette voie se verraient aidés. Donc, l'imbrication reste, mais elle deviendra en quelque sorte plus « basique » et plus transparente.

Le jeu des titrisations et du va-et-vient sur fond de sous-jacent se trouvera dans l'ensemble mieux surveillé, ce qui ne pourra qu'avantager les agents « honnêtes » et rendre plus prudents ceux qui le seraient moins.

§ 3 L'empreinte de deux concepts comportementaux : saillance et hystérésis

Devant l'incomplétude qui est le propre de tout modèle, il nous parait essentiel de mettre l'accent sur deux aspects particuliers dont la présence s'impose : *la saillance* et *l'hystérésis.* Bien que l'un comme l'autre aient déjà pu être observés « en pointillé » au cours des pages précédentes, leur empreinte mérite une mention particulière, du fait de la superposition de ce qui est rationnel et intuitif, et donc irrationnel.

* *La force de la saillance*

Même si la saillance est souvent traitée comme un « simple » biais, nous voudrions lui consacrer quelques considérations particulières, dans l'intérêt de notre sujet.

Une inflation faible, approximativement constante et par ailleurs en dessous du seuil de 2 % de IPCH (Indice des Prix à la consommation harmonisé) généralement préconisé dans un contexte de croissance, a tendance à échapper à l'attention des agents en devenant un simple phénomène d'accompagnement.

Il est en effet remarquable de ne plus entendre le commentaire « tout augmente » en faisant ses courses, traditionnel pendant bon nombre d'années.

À première vue, cette attitude peut paraitre positive et souhaitable, mais il nous semble qu'elle cache une zone grise qui mérite d'être prise en considération :

Certes, la stabilité peut être porteuse d'assurance, et il serait alors facile d'évoquer aussitôt l'équilibre, la clé de voûte des théories classique et néoclassique. Néanmoins, cette situation peut évoluer vers un état d'atonie, ce qui est précisément ce que l'on connait actuellement en France. Elle est vécue à deux niveaux :

- Le consommateur qui au-delà de l'indispensable quotidien était pressé de s'équiper devant le sentiment que « bientôt ce sera encore plus cher », a maintenant tendance à attendre – en pensant que ce sera peut-être encore moins cher plus tard…
- L'investisseur-entrepreneur qui juge la situation de façon souvent pessimiste, ayant tendance à rester en dessous de ses capacités, que ce soit pour satisfaire une demande devenue « trop molle » ou pour acheter des titres d'État qui n'offrent aujourd'hui guère mieux que la préservation du nominal.

De toute évidence, cette situation est préjudiciable en termes de croissance, d'autant qu'elle est très semblable dans les pays de l'UE. Les initiatives à prendre plus particulièrement en

France seront explicitées au Chapitre suivant. En attendant, l'espoir qui veut que peu à peu tout rentrera dans l'ordre, conformément à la théorie de l'équilibre général, semble avoir fait long feu.

Or, conformément à notre commentaire à la fin du paragraphe précédent, nous rencontrons ici l'imbrication entre l'économie réelle et l'économie financière, et donc l'appel à des stratégies non conventionnelles dans un contexte néo-libéral.

Quelle sera la situation au deuxième semestre 2020 ? Devant une reprise faible et une demande hésitante, il semble exclu qu'il y ait une envolée des prix. Même en ce moment (fin avril), la hausse de certains prix de marchandises disponibles (fruits et légumes) reste très modérée ; ici aussi, la main de Bercy veille…

Une certaine déprime de post-confinement ne permettra pas d'afficher des prix qui risqueraient de renforcer cette réticence de la part des consommateurs.

***La présence de l'hystérésis*

L'hystérésis est un concept qui nous vient des sciences physiques ; il désigne tout phénomène qui persiste alors que la cause qui l'a déclenché a disparu.

Dans le contexte spécifique du chômage[170], sa représentation peut prendre la forme d'une fonction autorégressive qui comporte une variable exogène.

[170] Olivier J. Blanchard et Laurence H. Summers (1986)

Ainsi, si « y » désigne la demande et « ε » un choc intervenu (tel que les chocs pétroliers de 1973 et 1979), on peut poser

$$Y_t = ay_{t-1} + \varepsilon_{t-1},$$

ε étant une variable aléatoire centrée réduite, indépendante, imprévisible et de même intervalle autour de 0, « a » étant une constante. Exprimé autrement, les écarts dus au choc sont constants en variance et nuls en moyenne.

Ainsi, des événements tels que des chocs peuvent laisser des traces persistantes ou même définitives. Si on adopte cette dernière hypothèse, il s'agira alors d'un trend qui aurait modifié le niveau du chômage à la suite d'une variation de la demande qui s'est installée à terme. Les chocs pétroliers ont sonné essentiellement le glas des « Trente glorieuses ».

Si Blanchard et Summers ont anticipé un chômage de longue durée en Europe, l'évolution leur a donné raison (à l'exception de l'Allemagne, encore que le mode de comptabilisation y soit pour quelque chose).

Transposé sur le terrain des dictons, on pourrait dire que « les chiens aboient », certes, mais que « la caravane ne passe pas ». L'hystérésis crée un sentiment d'insécurité et une perte de confiance que seule une politique économique volontariste parviendrait à estomper. Elle serait keynésienne et comportementale en ce sens qu'elle restaurerait la confiance, un sentiment devenu particulièrement problématique en ce printemps de crise.

Le pessimisme de Blanchard et summers aura désormais gain de cause, au-delà de l'hystérésis à proprement parler. On attendra en vain la preuve du contraire, du moins à moyen terme.

§ 4 Utilité et perspectives

* *Ouverture d'une porte*

Ce paragraphe s'efforcera de tracer la voie des stratégies devant les finalités de la politique économique, en tenant compte des caractéristiques du comportement des agents, au-delà de celui de « l'homme économique ».

Ainsi, notre étude ne retracera pas l'évolution du modèle de l'utilité espérée dont les insuffisances se sont fait jour rapidement à partir des années soixante, sans que pour autant des alternatives aient p s'imposer, ce dont témoignent les « paradoxes » d'Allais et d'Ellsberg (cf. supra).

On se contentera donc de signaler que le modèle de l'utilité espérée est largement contredit par l'expérience empirique, essentiellement en vertu des deux critères retenus avec une obstination certaine encore aujourd'hui, à savoir *la linéarité des fonctions de probabilité* et *l'axiome d'indépendances des préférences*. Exprimée plus simplement, la théorie orthodoxe vise le résultat final (la richesse acquise), alors que la théorie des perspectives raisonne en termes de valeur attribuée à des résultats possibles en termes de gain.

Qu'il nous soit permis d'insérer ici une réflexion allant au-delà des critères retenus : l'indépendance n'est pas seulement à écarter dans le contexte social et sociétal, elle nous semble inappropriée même sur le plan de l'individu : nos pensées dont découlent nos actions ne se suivent le plus souvent pas de façon séparées, mais s'emboîtent, s'entourent, s'entrecoupent. D'où l'affirmation décidée du modèle des perspectives.

** *L'éloignement d'un paradigme dépassé*

La nouvelle version de 1992, de mêmes auteurs, appelée « Advances in prospect theory. Cumulative representation of uncertainty"[171], est à considérer comme un enrichissement qualitatif, les quatre piliers de la publication de 1979 étant toujours présents[172] :

- les fonctions de probabilités séparées ou indépendantes doivent céder le pas à des fonctions de pondération, de sorte que les probabilités deviennent des poids de décision ;
- l'évaluation a lieu par rapport à un point de référence ;
- la sensibilité diminue du côté des gains comme du côté des pertes ;
- l'aversion au risque[173] donne plus de poids aux pertes qu'aux gains.

La représentation graphique prend la forme du « S » bien connu, passant par l'origine et comportant une branche croissante concave du côté des gains et une branche décroissante convexe du côté des pertes.

Il est à souligner que la discussion qui a suivi – et qui suit encore – ces développements portent de façon importante sur le point de référence : en effet, on peut citer ici l'exemple devenu classique du chauffeur de taxi qui se fixe un « pensum » de conduite, mais s'il choisit le nombre d'heures par jour, il peut aussi opter sur une certaine quantité de travail par semaine.

---

[171] Daniel Kahneman & Amos Tversky (1992) pp. 297 – 323

[172] Daniel Kahneman et Amos Tversky (1979) pp. 263-291.

[173] Daniel Kahneman (2011), citation éd. Pinguin (2012) p.282 : « …en juxtaposition…, les pertes pèsent plus lourd que les gains. Cette asymétrie entre attentes ou expériences positives et négatives a une histoire évolutionnaire. Des organismes qui traitent les menaces comme plus urgentes que les opportunités ont une meilleure chance de survivre et de se reproduire ».(trad. de l'auteur de l'étude).

Dans un contexte plus général des rémunérations, des études de terrain ont permis d'élargir le débat[174] :
Il s'avère ainsi que la référence pour un travailleur est à la fois la rémunération d'autres personnes dans des situations comparables à la sienne, et sa propre rémunération par le passé. Le Chapitre VIII reprendra ces considérations plus particulièrement pour le cas de la France.

Pour ce qui est des sensibilités, on doit ajouter que la diminution de la sensibilité est plus forte pour les évolutions faibles que pour les évolutions fortes ; elle est par ailleurs plus marquée pour l'évolution sur le plan des pertes.

Quant à la théorie des perspectives cumulatives, les transformations portent sur les probabilités cumulatives et point sur les probabilités en tant que telles. Un exemple peut illustrer ce propos :

On jette une pièce de monnaie deux fois et veut connaître la probabilité que « face » apparaisse une fois ou moins d'une fois. Nous aurons alors affaire à une probabilité cumulative, étant donné que le jet de la pièce donne « face » zéro fois, plus la probabilité d'obtenir « face » une fois.

$$P\ (F\leq 1) = P\ (F=0) + P\ (F=1) = 0,25 + 0,50 = 0,75$$

Ici, le graphique prend la forme d'un « S » inversé[175]. Ainsi, l fonction de pondération donne trop de poids à des probabilités faibles et trop peu de poids à des probabilités fortes.

---

[174] Anat Bracha, Uri Greezy, George Loewenstein (2015) pp. 297-315

[175] Alors que ces indications peuvent satisfaire les besoins de notre analyse, le lecteur désireux d'un approfondissement théorique pourra consulter Nicholas Barberis, Thirty years of prospect theory in economics, a review and assessment, WP 18621, NBER, dec. 2012

L'ensemble de ces réflexions est à prendre en considération dans le cadre des stratégies à mettre en application devant une rationalité faiblissante. Il est à retenir pus particulièrement que les outils de la théorie des probabilités cumulatives facilitent la saisie de certains biais, ce qui pourra s'avérer opportun dans le cadre de notre étude, notamment au sujet du biais du statu quo (cf. Chapitre VIII).

Or avant de clore ce paragraphe, il convient de souligner la grande honnêteté intellectuelle de Kahneman lorsqu'il énonce clairement que la théorie de l'utilité basée sur les travaux qui vont de Bernoulli à Savage, et la théorie des perspectives partagent des insuffisances :

- La déception ainsi que l'anticipation de la déception sont absentes des deux modèles. Il en va de même du sentiment de regret : les deux théories partent de l'hypothèse d'une évaluation séparée et indépendante des options en présence, l'agent se décidant en faveur de l'option dont la valeur est la plus élevée. La pratique psychologique démontre que ceci n'est pas le cas. Or, en dépit de certaines tentatives, il n'existe pas de théorie qui à ce jour aurait su remédier à ce manque[176].

Qu'il nous soit néanmoins permis de faire mention d'une étude qui peut fournir un début d'analyse dans ce contexte[177]. Les auteurs placent le problème dans un contexte de compétition, qu'il soit politique, sportif ou autre. Ceux qui gagnent sont stimulés par leur élan, alors que ceux qui perdent sont déçus, la force de la déception l'emportant sur celle de l'élan.

En faisant un pas de plus, on peut conclure que la peur de la déception peut renforcer l'aversion au risque. En jetant alors

[176] D. Kahneman, op.cit. nbp 171, ici. p. 287
[177] David Gill, Victoria Prowse(2012)

un nouveau regard sur les courbes des pertes et des gains, on peut constater que leurs caractéristiques s'affirmer : déception et regret rendront la courbe des pertes plus convexes, alors qu'une « victoire » qui est à considérer comme un gain, rendra la courbe des gains plus concaves.

S'il est très difficile de connaître les prises de position à venir de la part de Kahneman et de son courant de pensée, on peut compter sur un approfondissement de l'aspect comportemental. Il s'agira sûrement de la peur des pertes, d'une sensibilité accrue sur tous les chemins de la vie et d'un détournement de l'idée de maximisation.

En ce qui concerne ce dernier point, un certain optimisme permettrait par la même occasion de faire un pas en arrière devant un monde devenu compétitif à outrance.

§ 5 Le coût de la réflexion

Il a déjà été fait référence à la difficulté majeure d'intégrer le coût de la réflexion (« the cost of thinking ») dans des modélisations keynésiennes, bien que celles-ci accordent une place aux composantes intuitives et émotionnelles.

Or, ici encore, l'ouvrage de Daniel Kahneman « *Thinking fast and slow » (Les deux vitesses de la pensée)* nous permet, à défaut d'une ordonnance pour fermer la plaie de notre ignorance, mais pour mieux comprendre notre « double Moi » et de mieux vivre avec lui. Ainsi, en étant tenté de dire « curieusement », nos capacités cognitives seront mises à contribution pour approcher, sinon saisir, ce qui nous échoit en dehors de la logique rationnelle.

Ici encore, le lecteur est averti du fait que nous ne saurions rendre justice à la richesse de la pensée de Kahneman dans le

contexte présent, l'essentiel de note étude consistant à une orientation de la rationalité.
Néanmoins, les repères des deux facettes de notre Moi doivent figurer ici, pour pouvoir « mesurer » les poids de leurs incidences sur nos choix.

Le *Système 1* de la pensée fonctionne instantanément, spontanément, il ne demande quasiment pas d'effort. En quelque sorte, c'est le système « par défaut », devant la résistance, pour ne pas dire la paresse de l'autre système. Il procède de lui-même à d'innombrables interconnexions intuitives qui font éclore la créativité. Il est à remarquer plus particulièrement que le système 1 héberge aussi les souvenirs, bons et mauvais, et les laisse venir à la surface « sans effort », indépendamment de notre volonté.

Le *Système 2* impose de l'effort et de la concentration ; ainsi les problèmes complexes ne permettent pas à un individu de se contenter de ce que « lui vient à l'esprit », et ne lui offrent pas l'aisance dune réactivité approximative. Très logiquement, ce système est plus lent, ce qui peut créer de l'embarras et de l'insatisfaction, surtout face à la réaction d'un autre individu confronté avec le même problème et semblant plus rapide, mais peut-être à tort.

En 2016, Skogsmyr et Wiberg[178] ont développé un paradigme qui mesure le coût comportemental respectif de la réflexion rationnelle et de la réflexion émotionnelle. Ici encore, nous ne saurions rendre justice à leur travail, en nous limitant aux commentaires qui peuvent concerne plus particulièrement notre étude.

Les auteurs soulignent le fait qu'une réaction en tant que stimulation neuronale n'est jamais gratuite, mais que le coût

---

[178] Io Skogsmyr & Agnes Wiberg (2016)

en tant qu'effort diffère entre les deux systèmes tels qu'ils ont été dessinés par Kahneman. Le système 1 comporte ainsi des processus plutôt « peu coûteux » qui font appel aux heuristiques. Par contre, le Système 2 conduit à la réflexion consciente qui doit par ailleurs intégrer des idées nouvelles.

Skogsmyr et Wiberg font remarquer sur ce point que des décisions complexes font souvent appel à des informations émotionnelles. Une fois de plus, nous rencontrons l'impossibilité d'une séparation vraie, autrement dit, d'une indépendance. À un deuxième niveau, il faut poser la question de savoir dans quelle mesure les informations sont réalisables ; ceci s'adresse d'ailleurs aux deux Systèmes.

Or, un processus de décision guidé par les émotions du Système 1 peut être gratifiant à court terme sans porter ses fruits à plus long terme. Il s'enclenche en effet un processus d'apprentissage qui fait intervenir le Système 2 et qui doit aider à éviter de tels échecs à l'avenir. Ainsi, pour parvenir à un équilibre en termes de coûts-bénéfices, les deux Systèmes doivent pouvoir interagir, sachant que des coûts plus élevés devront apporter des bénéfices également plus élevés.

Skogsmyr et Wiberg acceptent certes l'affirmation de D. Kahneman d'une réactivité plus rapide du Système 1, mais remarquent la nécessité de s'orienter désormais vers une prise en compte de *l'intensité* des réactions respectives. Ils recommandent en conséquence un enregistrement électromyographique qui saurait y répondre.

Il est fait référence également à la variabilité des préférences d'une personne à l'autre, pour ce qui est de la « navigation » entre les deux systèmes. Se dessine ainsi la possibilité d'exercer des influences au sens des *nudges*, ce qui comporte

les problèmes auxquelles nous avons fait allusion préalablement.
En somme, la difficulté essentielle réside pour Skogsmyr et Wilberg dans le fait qu'il n'est pas possible d'exprimer « le coût concret de la charge mentale en elle-même »[179]. Il doit donc y avoir une transposition opérationnelle sur le plan du comportement. La comparaison des résultats engendrés par les choix, dans le court comme dans le long terme, pourra permettre à l'avenir de limiter les coûts et d'augmenter les bénéfices.

Le nouveau paradigme doit ainsi pouvoir contribuer au bien-être des membres de la société, et de celle-ci en tant que telles.

Eu égard des événements récents, l'accent mis sur le « thinking slow » semble paraître en pointillé. Il se pose la question des « vrais besoins », contrairement à nombre de désirs visant des satisfactions reconnues comme étant futiles. Sur un plan plus général, on prendra peut-être le temps d'aller davantage l'un vers l'autre, être plus hâtifs avec ses jugements et de se laisser moins impressionner par le biais du « halo ».

§ 6 Au-delà du PIB : Quel bien-être ?

** 2009 : Les bases*

Commençons par une boutade : *" GDP measures everything in short, except that which makes life worthwhile" »*[180].

C'est ainsi qu'Aitken cite Robert Kennedy en 1968, tout en soulignant le caractère anecdotique du propos.

---

[179] Io Skogmy et Agnes Wiberg, op.cit. cit. p.7
[180] Andrew Aitken (2019) cit. page R3

Depuis lors, la prise en compte de ces insuffisances a fait du chemin ; nous allons le saisir à partir de 2009, avec la publication du Rapport « Stiglitz – Sen – Fitoussi »[181] par le Gouvernement français.

En préambule, citons John Maynard Keynes :

« The difficulty lies not so much in developing new ideas as in escaping from old ones »[182].

Or, pour ne pas perdre de vue le sujet de notre étude, seuls certains points des 12 Recommandations du Rapport seront développés plus en détail.

***Une avancée importante*

Recommandation no 1 : Dans le cadre de l'évaluation du bien-être matériel, se référer aux revenus et à la consommation plutôt qu'à la production.
Recommandation no2 : Mettre l'accent sur la perspective des ménages. (impôts versés, prestations sociales reçues, intérêts versés aux banques)
Recommandation no3 : Prise en compte du patrimoine parallèlement aux revenus et à la consommation.
Recommandation no 4 : meilleure prise en compte de la répartition des revenus, de la consommation et des richesses.
Recommandation no 5 : Élargissement des indicateurs de revenus aux activités non marchandes.

Il ne faut pas créer l'impression d'une amélioration du niveau de vie, alors qu'il s'agit d'une marchandisation d'activités de services autrefois non marchands.

---

[181] Rapport de la Commission « Stiglitz-Sen-Fitoussi » (2008)
[182] Natasia Langfelder (2018) Connex partners

Il en va de même pour de multiples services que les ménages « produisent pour eux-mêmes » (les tâches ménagères non rémunérées).

Il faut tenir compte également de l'évolution de l'emploi du temps des agents, par ailleurs, la consommation de loisirs témoigne du niveau de vie et de son évolution.

En soulignant le caractère pluridimensionnel du Bien-Être, la Commission avait retenu les dimensions suivantes (p. 16 du Rapport) :

i. Les conditions de vie matérielles (revenu, consommation, richesse) ;
ii. La santé ;
iii. L'éducation ;
iv. Les activités personnelles, dont le travail ;
v. La participation à la vie politique et la gouvernance ;
vi. Les liens et rapports sociaux ;
vii. L'environnement (état présent et à venir) ;
viii. L'insécurité, tant économique que physique.

Comme le souligne le Rapport, les dimensions objective et subjective comptent pour la satisfaction et donc le bien-être des personnes ; ici, nous aimerions ajouter qu'on regardant la liste des dimensions, seule la première saurait être considérée comme étant essentiellement objective, bien que même sur ce plan les mêmes grandeurs chiffrées puissent être ressenties de façon inégale.

Toutes les autres dimensions, nous semble-t-il, comportent une double composante, objective et subjective. Sans vouloir les expliciter toutes, il suffit de se référer au travail et à l'insécurité : se qui peut sembler gratifiant à l'un par rapport au travail peut être ressenti comme frustrant à l'autre, et ce non seulement dans le cadre de la formation ; l'insécurité peut paraître comme paralysante, mais aussi comme stimulante, sur les deux plans, économique et physique.

Recommandation no 6 : Cette Recommandation est quasiment inséparable de la précédente, puisqu'elle dit globalement ceci : *La qualité de la vie* (et donc le bien-être) *dépendent des conditions objectives et des « capabilities »* (*« capacités dynamiques »).* Il s'agit alors de la mise en œuvre, des fonctionnements et des libertés.

Or, l'exercice des libertés doit reposer sur des conditions de vie matérielles (logement, conditions de travail). L'utilisation du temps en dépend à son tour.
L'inséparabilité de l'objectif et du subjectif est ici encore évidente.

Recommandation no 7 : Les indicateurs de la qualité de la vie devraient, dans toutes les dimensions qu'ils recouvrent, fournir une évaluation exhaustive et globale des inégalités.

Conscients du fait de l'enracinement des inégalités dans toutes leurs composantes, les Rapporteurs recommandent une attention particulière aux inégalités plus récentes, comme celle issue de l'immigration.

Recommandation no 8 : Des enquêtes devront être conçues pour évaluer les liens entre les différents aspects de la qualité de la vie de chacun, et les informations obtenues devront être utilisées lors de la définition de politiques dans différents domaines.

Ici, les Rapporteurs font remarquer que le cumul des désavantages dépasse la somme de leurs effets, de sorte qu'il faut évaluer la « répartition cumulée » des aspects essentiels, par le moyen d'enquêtes spécifiques.

Recommandation no 9 : Les instituts de statistiques devront fournir les informations nécessaires pour agréger les différentes dimensions de la qualité de la vie, et permettre ainsi la construction de différents indices.

Certains indicateurs de cette nature existent déjà, par exemple le niveau moyen de satisfaction de la vie dans un pays, qui se situe en France à 7,2 sur une échelle de 10[183].
Or, la Commission souligne en outre l'utilité de mesures subjectives de la qualité de la vie.

Recommandation no 10 : Les mesures du bien-être, tant objectif que subjectif, fournissent des Informations essentielles sur la qualité de la vie. Les instituts de statistiques devraient intégrer à leurs enquêtes des questions visant à connaître l'évaluation que chacun fait de sa vie, de ses expériences et priorités.

La possibilité avérée de collecter des données portant sur le bien-être subjectif comme l'évaluation cognitive de la vie, la satisfaction, et aussi d'émotions négatives comme la souffrance et la peur. Si ces aspects subjectifs ont pu fournir des indicateurs quantitatifs dans le cadre d'enquête à faible échelle, leur évaluation devra faire l'objet d'enquêtes à grande échelle.

On pense ici à la peur de l'autre qui se répand a l'heure actuelle dans certaines banlieues et qui est saisissable en tant qu'indicateur dans la mesure où elle concerne un pourcentage à connaître des habitants.

---

[183] TEF Édition INSEE (2018) p. 116

En prolongement de cette Recommandation, la Commission souligne la problématique particulière de la soutenabilité du niveau de bien-être, d'autant plus difficile à évaluer qu'elle dépend de l'ensemble des pays avec leurs interactions.

Recommandation no 11 : La soutenabilité doit être interprétée généralement en termes de « stocks » et de leurs variations. Si un indice monétaire serait souhaitable dans le cadre du tableau de bord des indicateurs, l'état actuel des recherches ne saurait l'envisager que pour les aspects économiques de la soutenabilité.

Cette disponibilité concerne actuellement le capital physique, le capital humain et certaines ressources naturelles. Il nous semble que la difficulté majeure réside en effet au plan de ce que A. Beretti, Ch. Figuières et G. Groleau appellent « le capital comportemental » :

« We define behavioral capital as the latent potential behavioral change to affect improvement in environmental quality »[184].

Recommandation no 12 : " Les aspects environnementaux de la soutenabilité méritent un suivi séparé reposant sur une batterie d'indicateurs physiques sélectionnés avec soin.
Il est nécessaire, en particulier, que l'un d'eux indique clairement dans quelle mesure nous approchons de niveaux dangereux d'atteinte à l'environnement (du fait, par exemple, du changement climatique ou der l'épuisement des Ressources halieutiques ».

Ces Recommandations constituent un ensemble structuré et homogène. Pour cette raison, elles figurent toutes dans notre étude, bien que le *leitmotiv* de la Rationalité des

[184] Antoine Beretti, Charles Figuières, Gilles Groleau, (2013) cit. p. 187

comportements et de sa mise en question ne se dessine pas pour toutes avec la même acuité.

En effet, si les perspectives rationnelles des ménages s'inscrivent dans le cadre d'une économie libérale de marché, avec des versements (impôts et taxes) et des prestations (allocations et aides de toutes sortes), l'irrationalité n'y a pas sa place. Si on veut considérer le progrès social comme le guide –ou du moins UN guide – de la rationalité, il n'est pas tolérable d'avoir en même temps un taux de chômage qui baisse (légèrement) en France, et un nombre de pauvres qui augmente.

Toute mesure du Bien-Être à partir des Comptes Nationaux se heurtera toujours au chiffrage, comme le démontrent les Nouveaux Indicateurs de richesse figurant depuis 2015 en Annexe du Projet de la Loi de Finances. Un seul parmi eux est appelé « subjectif » (Dimension « Bien-Être et vivre ensemble ») ; pour ce qui est de l'Annexe dans son ensemble, elle ressemble davantage à un Recensement à base de bonne volonté qu'à un outil de progrès social.

Or, du moment où on permet à l'homme économique de s'ouvrir à l'homme dans ses multiples facettes, l'irrationalité ne saurait être niée ; il suffit de faire appel à la pluralité des choix dont il est admis qu'ils peuvent être rationnels – conformes aux normes sociétales – ou irrationnels pour être qualifiés souvent d'« absurdes ». Cet adjectif s'incline alors devant l'incompréhension qui habite « les alchimies de l'esprit »[185].

---

185 Jon Elster (2010) Chapitre 4.

*** *De 2009 à 2019*

Depuis la publication du Rapport « Stiglitz – Sen – Fitoussi », des progrès importants ont été réalisés, aussi bien en matière de définition que d'analyse. Ainsi, l'ouvrage « For good measure »[186] incorpore lcs avancées essentielles qui doivent désormais faciliter la compréhension et guider l'action, au plan micro- et macroéconomique.

On peut ainsi constater que l'insuffisance probablement la plus profonde des Comptabilités nationales se situe au niveau de *la répartition.* En effet, si les statistiques relèvent année après année l'évolution des flux, celle des stocks au sens le plus large est négligée, de sorte que l'image globale se trouve au départ biaisée.

À ce propos, le Chapitre 6 de l'ouvrage (Facundo Alvaredo, Lucas Chancel, Thomas Piketty, Emmanuel Saez, Gabriel Zucman) met en évidence les distorsions inhérentes à toute évaluation en termes de moyenne plutôt que de médiane, ce qui cache le fait d'inégalités croissantes sur le plan des revenus, de la consommation et des patrimoines.

Ainsi l'initiative DINA (Distributional National Accounts) constitue une avancée globale importante, dans la mesure où elle facilite la convergence des données micro- et macroéconomiques, ainsi que les comparaisons internationales.

Elle permet de réaliser que le mode d'évaluation qui a prévalu pendant des décennies, s'appuie sur une rationalité prétendue qui ne résiste pas à l'examen des réalités.

---

[186] Joseph Stiglitz, Jean-Paul Fitoussi, Martine Durand (2019)

Or, pour que ces défauts apparaissent clairement, les inégalités ont été mises en relief d'abord au plan vertical par Nora Lustig (Chapitre 3 de l'ouvrage). Néanmoins, tout en sachant que les inégalités en matière de revenu, consommation et patrimoine créent des mécontentements manifestes, il est difficile de les saisir statistiquement. En effet, la couche la plus « riche » de la population a tendance à se soustraire aux sondages ; on est tenté d'estimer qu'une raison en est la peur de se faire « repérer » dans le contexte fiscal, tout en étant assuré que le sondage serait anonyme.

Nous voudrions souligner ici le fait que la problématique du respect de la discrétion nous accompagne quotidiennement, dès que nous ouvrons l'ordinateur, et ce souvent de façon aussi surprenante que désagréable…

Pour reprendre la problématique de la répartition, à l'autre bout de l'échelle, les individus ou ménages « officiellement » pauvres ou SDF échappent largement à une évaluation, pour cause d'incompréhension ou évanescence physique.

Par ailleurs, la consommation de biens et services produits dans le cadre du ménage devrait figurer, ce qui comme le remarque Nora Lustig, n'est le plus souvent pas le cas. Le même problème concerne les logements occupés par leurs propriétaires pour lesquels un montant correspondant à un loyer devrait être imputé.

Enfin, dans le contexte de l'éducation et de la santé, l'imputation des transferts sociaux s'avère difficile, plus encore au plan international que dans le cadre d'un seul pays.

Or, ce sont aussi les inégalités « horizontales » qui attendent des prises en considération statistiques. Comme font remarquer Carmen Diana Deere, Ravi Kanbur, Frances

Stewart au cours du Chapitre 4. Il s'agit de groupes ou de ménages comparables entre eux quant aux revenus, mais chez lesquels il existe néanmoins des inégalités autres. Plus particulièrement, il est supposé que chaque membre d'un ménage reçoit une part égale du revenu alors que l'inégalité entre hommes et femmes est manifeste non seulement dans le contexte du ménage, mais dans la société dans son ensemble.

Une source importante d'inégalités horizontales concerne l'appartenance culturelle, religieuse ou ethnique à un groupe et dont les effets ne sont pas saisis par les statistiques. Dans cet ordre, il convient de ne pas oublier par ailleurs les régimes patrimoniaux qui jouent souvent en la défaveur des femmes sans qu'elles en soient toujours conscientes.

Dans ce dernier contexte, comme au sujet d'autres inégalités horizontales, de nombreux aspects ne parviennent que difficilement à la surface des prises de conscience personnelles et davantage encore dans un contexte statistique. S'il n'est guère possible de nier ici des irrationalités « au deuxième degré », il faudrait une action publique très forte pour les mettre à jour !

Beaucoup a été dit depuis quelque temps au sujet du « Bien-Être subjectif ». Alan Kruege et Arthur A. Stone en font la synthèse et en même temps une sorte de greffe qui prend ses racines dans des composantes objectives, de façon exigeante et en même temps enrichissante.

Or, jusqu'il y a peu de temps, l'angle émotionnel, les sentiments de bonheur et de dépression, ainsi qu'une prise de conscience du sens de la vie, étaient restés très en marge de l'évaluation politique et plus encore des statistiques. Une meilleure compréhension et donc d'orientation des stratégies se dessinent enfin, bien que timidement.

Néanmoins, il serait inopportun de faire abstraction des causalités entre les données objectives de la vie et les critères subjectifs. Citons à cet égard les auteurs[187] :

« *Does better health increase happiness,, or does happiness help people engage in healthier behaviors ?* »

Le Chapitre VIII de notre étude s'efforcera de ne pas négliger cet aspect particulièrement complexe.

Nous voudrions clore ce paragraphe par ce que nous estimons être la base du Bien-Être des membres d'une société, à savoir la confiance en tant que capital social, dans l'optique du Chapitre 10 de « For good measure » (Yann Algan).

Il s'agit de la confiance en soi, en les autres et en l'aura qui porte la société et qui réagit en retour sur chaque citoyen.

Ainsi, toute réforme politique nécessite la coopération (la « compliance ») des membres de la communauté, sur fond de légitimité et de soutenabilité à plus long terme. À l'heure actuelle, on peut estimer que cette problématique se présente avec une actualité particulière en France.

Ajoutons que la collecte de données par la voie des sondages est délicate, puisque l'intrusion dans l'espace personnel est difficile à éviter, de sorte que les réponses doivent être évaluées avec beaucoup de réserves. S'il faut certes accorder une place importante au capital social au plan matériel aussi bien qu'immatériel et culturel, celui-ci est reçu par les citoyens de façon très diversifiée et ne se présente pas également à tous.

---

[187] J. Stiglitz, JP. Fitoussi, M. Durand, op.cit, citation. p. 16

§ 7 Vers des comptabilités nationales comportementales

* *Les insuffisances*

Le paragraphe précédent a pu esquisser la multitude et le foisonnement des problèmes à affronter pour que les Comptabilités nationales puissent guider les stratégies de la politique publique.

Or, une étude venant en grande partie de l'autre bout du monde établit un certain nombre d'étapes à parcourir pour que les besoins manifestes puissent se traduire par des principes applicables[188].

On comprend aisément la nécessité d'établir une distinction entre des réalisations qui paraissent possibles assez rapidement, alors que d'autres appartiennent au long terme.

Parmi les premières, les améliorations suivantes s'imposent pour que les Comptabilités Nationales deviennent un meilleur étalon de mesure du Bien-Être des citoyens :

- *Les investissements intangibles.* Actuellement figurent certes les profits réalisés par les innovations, mais point les investissements requis sur le marché du travail. Les employeurs ne cessent de se plaindre d'une insuffisance de main-d'œuvre qualifiée, et le même manque se fait sentir au plan R&D. Des cours de formation quasiment à tous les niveaux, financés par les secteurs publics et privé devraient y remédier rapidement. Une meilleure croissance prendra la forme d'un Bien-Être accru.

- Ensuite, *la finance improductive* nous conduit à faire un grand pas en arrière. En effet, par le passé, l'épargne sous

[188] Diane Coyle et Benjamin Mita-Kahn (2014)

toutes ses formes prenait le chemin des banques qui effectuaient des prêts par la suite. Les banques créent elles-mêmes de la monnaie sur les marchés financiers, sous différentes formes de titrisation. De ce fait, les prêts ont largement quitté l'économie réelle, au détriment d'une croissance à même de constituer un levier de Bien-Être. Nous avons actuellement, et depuis plusieurs décennies, affaire à des transactions qui n'apportent pas de production au sens d'un PIB « vrai ». En conséquence, il conviendrait d'en faire abstraction dans le cadre des Comptabilités Nationales. – Le Chapitre VIII s'y réfèrera pour la France.

- *Les inégalités entre pays.* Pour mesurer ces inégalités, on peut se servir de l'index Indigo[189] qui accusent des différences remarquables par rapport au Bien-Être en termes de croissance « traditionnelle ». Ainsi, plus la répartition des revenus est inégale, et plus les moyennes sont trompeuses[190]. Passer de l'un à l'autre semble déjà vouloir passer du court terme au long terme, puisque des mesures de correction ne sauraient s'opérer rapidement.

Or, un nouveau cadre d'évaluation du Bien-Être à plus long terme se heurte d'abord à l'impossibilité de converger vers un seul critère, sous peine de perdre tout réalisme ou de parvenir à des conclusions déséquilibrantes.

Les six étalons de mesure choisis par les auteurs paraissent pertinents et non contradictoires :

- *Le capital physique et créé.* On manque dans tous les pays d'évaluations pertinentes concernant les infrastructures.

---

[189] L'index Indigo mesure le Bien-Être en se servant des critères suivants : créativité, économie numérique, diversité économique, innovation, contexte législatif, stabilité et liberté.

[190] D. Coyle et B. Mitra-Kahn, op.cit., graphique p.9

nombre de graves accidents intervenus récemment témoignent du caractère Inadéquat de la prise en compte de leur état et donc du bien-être effectif qu'on est en droit de leur adjoindre

- *Le capital humain* ne saurait se satisfaire dc la saisie statistique de l'éducation et des qualifications selon les étalons de mesure actuelles. Il est certain qu'o rejoint ici des mesures réalisables assez rapidement, mais une évolution soutenable fait appel à des efforts de « lissement » à tous les niveaux, pour donner accès à tous les citoyens à l'ensemble des capacités qui leur sont théoriquement offertes. Exprimé autrement, le capital humain auquel il est fait appel sous forme d'emploi est très inférieur à celui qui serait réellement disponible.

- *Le capital naturel* figure dans les Comptabilités nationales aux prix de marché, en négligeant les externalités. Néanmoins, des prises de conscience se font jour et promettent des efforts, à l'exemple de la Nouvelle-Zélande (cf. infra).

- *La propriété intellectuelle et l'Intelligence Artificielle* posent des problèmes en partie récents la propriété de ces actifs se soustrait souvent à une appréciation défendable sur un plan de justice et d'éthique, et les canaux d'influence se manifestent de manière toujours plus discutable. Un mot peut ici suffire : les GAFA et leurs acolytes.

- *Le capital social et institutionnel* accuse actuellement un dépérissement dans de très nombreux pays. La méfiance gâche les relations entre les citoyens et les responsables, du secteur privé comme du secteur public, les remèdes en matière de Bien-Être devant venir prioritairement de ce dernier.

- *Les actifs et passifs financiers nets* de l'État devront figurer dans les Comptabilités nationales, au titre des flux éventuellement à attendre, mais avant tout pour ce qui est des engagements de l'État sur le plan des retraites. La problématique particulièrement lourde en France sera évoquée au Chapitre VIII ci-après.

Ces insuffisances restent, au-delà de la crise actuelle. Néanmoins, il est à espérer que le souci d'une présentation la moins défavorable possible à court et moyen terme, ne va pas inciter les analystes et planificateurs à faire preuve de trop de retenue concernant l'élargissement des données à intégrer.

** *L'exemple de la Nouvelle-Zélande*

À la suite de cet exposé, on constate une première évolution effective et très encourageante en Nouvelle-Zélande[191]. C'est ainsi que l'« Executive Summary » de la publication de l'OCDE signale plusieurs contextes où des initiatives ont été prises :

Le Trésor Public de Nouvelle-Zélande publié cette année un nouveau cadre d'indicateurs du niveau de vie qui dans l'ensemble suit ceux d'autres pays développés, mais où des lacunes ont conduit à des travaux immédiats.

Il s'agit d'abord du *capital naturel* où le Trésor a lancé une vaste analyse coûts-bénéfices pour liés entre eux les différents domaines influents sur le Bien-Être des citoyens. La Nouvelle-Zélande a en effet l'un des taux les plus élevés en matière d'émissions parmi les pays de l'OCDE, la moitié étant des émissions biologiques. Le gouvernement établit actuellement un projet de loi fixant un taux d'émission de carbone égal à zéro pour 2050, bien que ce taux exige des efforts exceptionnels. Puisque le problème concerne avant tout l'agriculture, une politique des prix alternative devra permettre à l'industrie agro-alimentaire d'évoluer en ce sens.

---

[191] OECD (2019)

Sur le plan du *capital humain,* le pays est en train d'appliquer à court terme une politique d'immigration privilégiant une main d'œuvre de qualité qui devra bénéficier à l'ensemble des citoyens. Ceci est d'autant plus urgent que le *capital financier et physique* manque d'investissements en R&D.

Devant cette toile de fond, le gouvernement néo-zélandais considère des options d'intégration une approche explicite de Bien-Être dans la législation, les critères subjectifs devant compléter les critères objectifs et point les remplacer.

Our finir sur une note positive, il est opportun de citer le Résumé Exécutif de l'OCDE (traduction française de l'auteur de l'étude) : :

« Le capital social fait partie des forces de la Nouvelle-Zélande, avec de hauts niveaux de confiance et d'engagement civique et de faibles manifestations de corruptions ».

*** *L'abandon de l'homme économique ?*

En matière d'indicateurs du Bien-Être, on peut considérer que ceux parmi eux que l'on reconnaît comme étant objectifs, constituent la base d'un support existentiel qui permet aux citoyens d'accéder librement à une gamme de choix la plus large possible.

Conjointement avec les indicateurs subjectifs, ils font évoluer l'*homme économique* vers l'homme dans son intégralité qui devra guider les stratégies et finalités des gouvernants.

Sur le plan de la recherche, il faut remarquer la parenté entre Kahneman et Tversky d'une part, et d'Elster d'autre part. Elster souligne de façon très opportune qu'avant les premiers travaux de Kahneman et Tversky en 1979, la subjectivité passait pour un simple résidu de ce que la rationalité ne parvenait pas à saisir.

Désormais, Elster caractérise l'action rationnelle comme l'aboutissement d'un processus qui puise dans les informations disponibles, les greffes sur les désirs ou préférences et leur adjoint les opinions pour parvenir à la concrétisation visée.

Ainsi, Elster affirme et interprète une conception définitivement subjective de la rationalité, contrairement aux thèses weberiennes d'une rationalité objective du fait de l'adaptation des comportements à la situation. La subjectivité défendue par Elster repose sur l'analyse suivante :

« Les désirs constituent les données primitives de l'action rationnelle »[192].

Il est vrai qu'il assortit cette affirmation d'une certaine réserve au sujet des croyances qui nous accompagnent dès notre naissance au titre d'un héritage familial ou environnemental et qui peuvent nous « piéger » dans notre subjectivité. Néanmoins, le modèle du choix rationnel d'Elster se réfère explicitement aux *croyances* qu'il intègre dans la subjectivité de la manière suivante :

De façon tout à fait « classique », l'agent consommateur rencontre certes un élément objectif de par la présence des combinaisons de biens représentés par les courbes d'indifférence, mais il le transformera en un élément *subjectif* en choisissant la combinaison qu'il *croit* être la meilleure[193].

---

[192] Jon Elster, op. cit. p.41
[193] Jon Elster, op . cit. p. 57

En adoptant ce point de vue d'une rationalité qui diffère d'un agent à l'autre, le profil du Bien-Être – ou plutôt du « Mieux-Être » - ne saurait être le même pour tous.

Le maître-mot est alors celui de l'hétérogénéité née d'une très forte inégalité des structures de revenu et plus encore de patrimoine, ce dernier aspect étant trop souvent négligé lors des évaluations.

Or, plus l'hétérogénéité est forte, est plus l'accès aux actifs en présence est sélectif, qu'ils soient matériels ou culturels. Lorsqu'un foyer est accablé par les soucis en présence, ce qui peut être disponible pour d'autres s'éclipse du Bien-Être pour ceux qui se trouvent en bas de l'échelle.

Une importance particulière doit par ailleurs être reconnue au facteur temps, et ce de différentes façons : les foyers privilégiés cherchent à consacrer du temps aux loisirs, dans la mesure où le poids de la compétition omniprésente ne constitue pas une trop forte contrainte.

Le facteur temps se présente autrement pour les foyers aux revenus modestes : ils doivent assumer eux-mêmes de nombreuses tâches qui font l'objet d'une marchandisation pour d'autres (lavages, nettoyages, etc.), ce qui ajoute le plus souvent une pénibilité à la vie professionnelle dans la mesure où les agents n'en sont pas exclus, et qui ne laisse encore moins de temps pour des activités non contraintes, si tant est qu'une excursion à un parc de loisirs ne soit pas prohibitive à la lumière des frais à encourir.

Il est par ailleurs évident que la digitalisation de la vie courante signifie un gain de temps inconnu il y a quelques décennies ; or, ici encore l'hétérogénéité des situations individuelles se fait douloureusement sentir, tous ne bénéficiant pas de l'accès à l'Internet.

Quelle conclusion peut-on en tirer ? La rationalité subjective telle qu'elle est défendue ici, est sûrement exigeante sur le plan des pouvoirs publics au sens d'un espace de liberté le plus important et multidimensionnel possible. Or, la seule prise de conscience peut déjà laisser entrevoir un guide.

Chapitre VIII
Vers une France du mieux-être

Partant de la Comptabilité Nationale, on cherchera à exposer les failles auxquelles il devrait être possible de remédier, pour nous tourner ensuite vers les domaines encore tenus à l'écart, bien qu'essentiels.

Dans l'impossibilité de couvrir l'ensemble du terrain évoqué ci-dessus, nous nous tournerons vers les problèmes dont la saisie nous parait d'une urgence primordiale dans le contexte français, en reconnaissant les imbrications et les liens évoqués préalablement.

La question posée est celle de l'articulation entre croissance et Bien-Être, sachant que la croissance telle qu'elle a été définie par la Comptabilité Nationale jusqu'ici pour l'évaluation du PIB, est non seulement insuffisante, mais biaisée[194]

§ 1 Les intangibles : R&D, innovation et finance

** R&D*

Au cours de ce paragraphe, la valeur de référence sera celle du PIB de €2 229 milliards correspondant à l'année 2016. En effet, les valeurs chiffrées concernant les décompositions pour les années suivantes sont souvent des estimations qui n'influent néanmoins pas sur la tendance.

---

[194] Le chiffrage de ce chapitre correspond pour l'essentiel à celui du TEF pour 2018.

En ce qui concerne la Dépense nationale de Recherche et de Développement (DNRD) la Comptabilité nationale présente une part globale de 2,5 % du PIB, dont environ les deux cinquièmes pour les administrations[195] et les trois cinquièmes pour les entreprises.

On constate que la part du secteur public est en net recul depuis 1995.

La tendance est comparable concernant le nombre de chercheurs engagés dans la R&D : le secteur public enregistre une augmentation d'environ 60 000 en 1995, à environ 80 000 en 2016, alors que l'évolution du secteur privé pour la même période va d'environ 40 000 à environ 180 000.

Or, la comparabilité pâtit du fait que les statistiques comportent des DNRD par branches pour les entreprises, alors que les chiffres portant sur les Administrations ne sont pas ventilés dans le cadre du TEF.

Toujours est-il qu'une prédominance du secteur privé en R&D est aujourd'hui indéniable. Si ce constat n'implique pas nécessairement une plus-value ou une moins-value en termes de croissance, on peut supposer que les activités des entreprises sont de façon importante orientées vers la satisfaction des actionnaires, puisqu'il s'agit majoritairement de grandes sociétés dont le capital est censé rapporter des dividendes.

En conséquence, la recherche appliquée aura tendance à se développer dans des domaines dont les rendements financiers satisferont les détenteurs du capital.

---

[195] Les Ministères, les EPST, les EPIC, les établissements d'enseignement supérieur, les CHU, les CLCC, les instituts sans but lucratif.

On assiste ainsi à une croissance toujours plus inégalitaire, étant donné que la couche concernée d'agents possède une propension à consommer inférieure à la moyenne des citoyens. La réflexion révèle ainsi une déperdition de bien-être qui fait appel à une intensification de la R&D du secteur public.

** *L'Innovation*

¤ *Constat*

Précisons qu'il existe quatre catégories d'innovation : produits, procédés, organisation et marketing ; il s'agit donc concrètement de la protection de la propriété intellectuelle et industrielle. Celle-ci s'effectue essentiellement sous la forme de brevets qui confèrent une exclusivité privative en termes de rendement et porteuse d'un pouvoir économique (cf. Chapitre VII, § 7).

La liste des principaux déposants de brevets du TEF pour 2016 est intéressante du fait de sa diversité : il y figure le CEA (Commissariat à l'énergie atomique et aux énergies alternatives), le CNRS (Centre National de la Recherche scientifique) en tant qu'émanations de l'État, ainsi que le Groupe Airbus à participation internationale et le Groupe Renault, et des Sociétés privées telles que le Groupe Valeo, PSA Peugeot Citroën, le Groupe Safran, le Groupe l'Oréal SA, le Groupe Thales et Orange.

Le capital-innovation ne figure dans le TEF que sous sa forme globale : d'évolution assez irrégulière, il était de €874 millions en 2016 ce qui parait peu important par rapport au PIB de cette même année.

Il ne s'agit pas ici de procéder à un relevé systématique de l'imbrication de l'État dans ces Sociétés (Renault 15 %,

Airbus 11 %), mais certaines complexités méritent d'être commentées, du fait de l'impact en termes de croissance orientée vers le Bien-Être :

Pour ce qui est du CNRS, il est question actuellement de la *Participation à une instance délibérative d'une Société anonyme,* ainsi que de la création d'une *Société de valorisation des travaux de recherche réalisés par l'agent dans l'exercice de ses fonctions.*

Tout en voulant éviter un discours polémique, on constate au niveau de l'innovation une évolution qui peut inquiéter :

- une faiblesse du capital-innovation (cf. supra) qui peut être imputable à un manque de définitions claires et réalistes ;
- une imbrication toujours plus forte entre les secteurs public et privé préjudiciable au pouvoir économique de l'État ;
- une tendance vers l'individualisation des acquis de l'innovation au niveau des institutions et aussi des personnes.

Ici encore, et bien que le mode de présentation nuise à la transparence, la perte de poids de l'État représente des pertes virtuelles de croissance.

¤¤ *Une dynamique singulière*

Au-delà de la ventilation des détenteurs des clés ouvrant la voie à l'innovation, une interprétation singulière mérite de figurer dans ce contexte, à cause de son importance en termes de Bien-Être et devant la toile de fond des décisions stratégiques à prendre par les grands groupes industriels.
Il s'agit des enseignements de Clayton Christensen, récemment disparu, dont deux ouvrages ont été étiquetés de « disruptifs » par la presse spécialisée : « *The innovator's*

dilemma » et « *The capitalist's dilemma* »[196],commentés par Nicolas Colin[197].

Ainsi, l'innovation serait loin d'être accueillie favorablement, impliquant des pertes plutôt que des gains du fait de la réticence des consommateurs de sortir de leur schéma d'achats habituels. En mécontentant les actionnaires qui craignent pour leurs dividendes. L'innovation est aisée souvent délaissée au profit de « start-ups » qui la rendent accessible en la plaçant sur le bas du marché. Or, par le jeu des marges faibles au départ, mais évoluant, fera que les nouveaux venus gagnent en importance, de sorte que la roue tourne et que d'autres entrants cherchent à se faire une place en commençant par le bas de l'échelle.

Si cette image est séduisante par sa simplicité, ' le dilemme du capitaliste' nous amène sur un terrain plus proprement politique. En effet, les innovations « disruptives » ne sont pas assez nombreuses pour soutenir à la longue les avancées industrielles, fut-ce par le biais des 'relais' évoqués, de sorte que les détenteurs de capitaux se tournent toujours davantage vers la financiarisation, au préjudice de la majorité des citoyens.

Cette dernière remarque peut créer un lien vers le secteur de la finance, pour ce qui est de sa composante appelée « improductive ».

---

196 Clayton Christensen (1997), (2013)
197 Nicolazs Colin (2020), p.6

*** *La finance « improductive »*

On peut démontrer que le mode actuel de saisie par la Comptabilité nationale « gonfle » les chiffres du PIB. Le graphique suivant représente la diversification de la production en France (INSEE, 2016)

Répartition de la production par principales catégories d'agents économiques
en 2015, en milliards d'euros

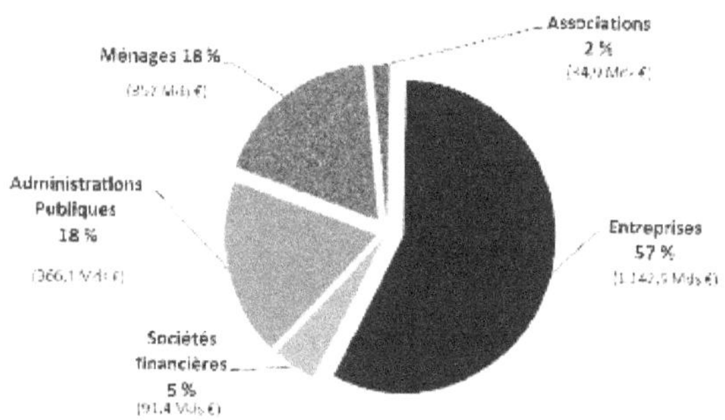

La richesse annuelle produite est mesurée par la valeur ajoutée des différents agents.

- La valeur ajoutée des **entreprises** est égale à la valeur de la production moins les consommations intermédiaires c'est-à-dire tous les achats faits à l'extérieur de l'entreprise et utilisés pour la production.
- La production des **sociétés financières** (banques assurances et autres entreprises de services financiers) correspond à leur Produit Net Bancaire (PNB).
- Les **administrations publiques** (État, collectivités territoriales, organismes de sécurité sociale) ont une production souvent non marchande. Elle est alors évaluée par les coûts de production (consommation intermédiaire + rémunération des salariés + consommation de capital fixe).
- Les **ménages** comprennent les entrepreneurs individuels. La production des ménages inclut la production agricole, la construction de maisons, le loyer fictif des propriétaires occupants et les services du personnel domestique rémunéré.
- Les **associations** produisent des biens et services non marchands au profit des ménages. Leur production est estimée par les coûts de production.

La production des sociétés financières est retenue suivant le PNB (Produit net bancaire). Il constitue, suivant la définition officielle, la somme de la marge d'intermédiation et des commissions nettes. Les intérêts reçus et les commissions reçues sont donc juxtaposés aux intérêts payés et aux commissions payées.

Or, dans quelle mesure s'agit-il d'une production effective, et que signifient ces activités telles qu'elles sont comptabilisées, pour la croissance et donc le Bien-Être des citoyens ?
Il est un fait que la réforme SNA 1993 a définitivement intégré les activités financières au titre du PIB.
Néanmoins, par rapport au PNB, une différenciation importante doit être signalée[198].

L'ensemble des gains de capital est exclu du PIB, pour cause d'absence de toute activité productive.

Le revenu net d'intérêts est *déduit* du PIB, puisqu'il s'agit de ressources intermédiaires bénéficiant à d'autres branches de l'économie.

Les commissions échues pour des services financiers sont *incluses* dans le PIB et considérées comme des activités productives.

En ce qui concerne les commissions, on doit se rallier à J. Assa en estimant qse ces revenus résultent de la création et de la négociation de *créances sur titres* avec un détachement évident du marché des biens et services. Qui plus est, on constate empiriquement une validation de la Loi d'Okun, dans la mesure où on constate depuis bon nombre d'années une corrélation négative entre emploi et production.

Par ailleurs, pour la plupart des pays et certainement en France, le volume des commissions l'emporte largement sur celui des intérêts. Il serait donc justifié de non seulement *exclure,* mais *déduire* de poste du PIB[199].

---

198 Jacob Assa (2016), pp. 9-13
199 J. Assa, op. cit. p. 13

On doit ajouter que la corrélation négative dans le cadre des pays est d'autant plus évidente que les pays sont « tertiarisés », ce qui vaut clairement pour la France, par comparaison avec l'Allemagne qui est restée quant à elle un pays plus fortement industrialisé.

Ici encore, il s'agit d'un traitement qui appelle une rectification, dans l'intérêt de faire évoluer le PIB vers un indicateur de Bien-Être en dépassant la paramétrisation actuelle.

Or, l'actualité française nous oriente vers un problème à situer avec quelque audace entre ce qui précède et ce qui fera l'objet des paragraphes suivants :

§ 2 Dette, croissance et bien-être[200]

** Le Traité de Maastricht*

S'il est vrai que la problématique de la dette publique frappe la plupart des pays européens, c'est en France qu'elle occupe depuis un temps certain le devant de la scène, servant de bouc émissaire à tous les malheurs dont nos gouvernements ne parviennent pas à extirper les racines.

Or, pour l'ensemble des pays de la zone Euro le Traité de Maastricht de 1992 (TSCG)[201] a fixé des règles de conduite : le déficit[202] budgétaire ne devra pas dépasser 3 % par an par rapport au PIB, et la dette aura un plafond de 60 % à respecter.

200 Thomas Piketty (2019), pp. 1040 – 1046
201 TSCG = Traité de stabilité, coordination et gouvernement.
202 Au sens du déficit secondaire, et donc après le paiement des intérêts de la dette.

Si deux autres conditions y figurent, leur réalisation est au départ incertaine. Ainsi, le taux d'inflation ne devra pas dépasser de plus de 1,5 % celui des trois pays dot les prix auront été les lus stables, alors que les taux d'intérêt sont cessés rester dans des limites de 2 % au-dessus de ceux des pays qui ont obtenu les meilleurs résultats en termes de stabilité des prix.

C'est de cette façon que les initiateurs du Traité ont pensé pouvoir créer une Union européenne qui était au départ dans un état d'incomplétude accablante.

En effet, si la BCE émet régulièrement des recommandations en matière de taux d'intérêt censés servir de guide, on ne saurait parler d'une politique commune des taux ; la situation de la fiscalité est plus défaillante encore, puisqu'aucune tentative sérieuse de convergence n'a été réalisée à ce jour. Ceci est d'autant plus déplorable que pour la France, par exemple, la TVA constitue de loin l'impôt le plus important en volume.

** *Les inégalités en France*

Si une mise en question du TSCG parait aujourd'hui requise, les suggestions avancées (cf. NbP 200) concernent avec une acuité singulière la France.

À ce propos, il convient d de rappeler au départ les inégalités en matière de revenu :

Au 31/12/2016 le revenu annuel m*oyen* individuel par ménage était de €29 739 alors que le revenu annuel *médian* individuel par ménage était de €20 520.

Or, plus la distance entre le revenu moyen et le revenu médian est importante, et plus l'inégalité est forte.

On constate par ailleurs qu'on 2019, et en dépit de taux de croissance positif, le nombre de pauvres en France a augmenté, et qu'entre 3 et 4 pour cent des pauvres étaient des enfants de moins de 10 ans.
En même temps, le chômage des salariés non qualifiés atteignait 20 %.

De façon chiffrée[203], on constate qu'environ 10 % de la population détiennent 25 % du Revenu. Pour ce qui est du patrimoine, la situation est plus choquante encore, dans la mesure où la moitié de la population dit se partager 8 % du patrimoine national.

Cédant momentanément à la polémique, rappelons que le patrimoine de L'Oréal, entre les mains de Madame Liliane Bettencourt, s'élève à 32,2 Mrds, ce qui équivaut à 1,77 million d'années de SMIC.

Or, bien que le relevé qui suit puisse paraître quelque peu éloigné des considérations de croissance et de Bien-Être, il s'avérera que le lien sera facile à établir.

La Dette de l'État français était détenue en juillet 2018 suivant la répartition suivante :

Non-résidents	54,6 %
Assurances résidentes	18 %
Banques résidentes	6,7 %
OPC résident	1,5 %
Autres résidents	19,2 %

On constate donc que plus de la moitié des créances négociables (BAN, BTF, OAT) de l'État est détenue par des

[203] Anne A. Durand (2018)

non-résidents les plus divers : fonds d'assurance, fonds de pension, fonds d'investissement souverain, fonds spéculatifs.

Il est à remarquer que la situation est assez comparable en Allemagne et en Espagne.

En France, les particuliers détiennent indirectement environ un tiers de la dette, à l'exemple des compagnies d'assurance qui achètent des titres de la dette pour les placer en assurance vie.

Ainsi, les inégalités constatées en termes de revenu, en comparant le revenu médian et le revenu moyen, sont imputables au moins en partie aux revenus financiers issus de la détention de titres.
Dans ce contexte, il s'agit en grande partie de patrimoine hérité, accumulé au fil des générations, et que « les 200 familles » n'ont guère perdu en intensité.

Toujours est-il qu'une part majoritaire du rendement de la dette française échappe aux résidents, partant pour l'essentiel Outre-Atlantique. À ce sujet, n'oublions pas que le Traité de Maastricht avait pour objectif de « souder » les pays européens entre eux, l'Euro à lui seul, bien que symbole, n'ayant pas réussi à atteindre cette finalité ambitieuse.

*** *Le partage du Bien-Être*

Il a déjà été remarqué ci-dessus que le poids de la dette, actuellement en France d'environ 100 % du PIB (et ce en dépit des 60 % figurant dans le Traité de Maastricht), sert d'épouvantail pour freiner des initiatives engageant des fonds publics.

Or, des prises de position récentes d'Olivier Blanchard[204] s'inscrivent résolument en faux contre l'interprétation de la dette au titre d'une menace présente et future. Concrètement, le Bien-Être ne serait menacé que si le taux d'intérêt de la dette était supérieur à celui de la croissance. Donc, tant que r<g en la présence d'un déficit public contenu. La dette croît au rythme de r (les intérêts), alors que le PIB croît au rythme de g, historiquement supérieur, bien que de façon moindre en Europe qu'aux Etats-Unis.

Néanmoins, comme le note F. Meunier, la méchante formule qui veut que nous léguions la dette publique à nos enfants, est une simplification outrancière. En effet, les placements effectués par la génération actuelle reviendront à la génération suivante, pourvu que leurs fruits ne soient pas consommés à la fin par ceux qui en étaient à l'origine.

Cette génération est supposée par Blanchard être « plus riche » que la génération actuelle, pourvue que r<g reste vrai. Rien n'est moins certain ; même si le chômage est actuellement en baisse, il reste à un niveau supérieur à la moyenne des pays de la zone Euro. La problématique des formations (cf. infra, le capital humain) reste d'une actualité pesante.

Qui plus est, la « dette écologique » non comptabilisée dans le cadre des Comptes Nationaux, ne bénéficie quant à elle d'aucune juxtaposition positive. Le seul espoir est un freinage de la spoliation et à la limite une reconstitution partielle (cf. le projet EFESE figurant au paragraphe portant sur le capital naturel).

Blanchard atténue par ailleurs ses propos quelque peu provocateurs en évoquant la différence entre les rémunérations publique et privée de l'épargne, l'État

[204] Cf. François Meunier (2019)

bénéficiant de l'absence de risque qui justifier un taux plus bas. Ainsi, la génération future pâtira d'une perte en termes d'investissement privé qui n'aura pas lieu.

En termes de Bien-Être collectif et de façon imagée, nous aurions donc le Livret A opposé au CAC 40.
Même avec un Livret A aujourd'hui en souffrance, la différence entre le taux de croissance en France et (même) en zone Euro n'accuse pas un écart par rapport à la valeur boursière, pour qu'on puisse parler d'une perte d'opportunité au titre du Bien-Être collectif.

Ces dernières considérations nous ramènent aux analyses de Thomas Piketty[205] en englobant une fois de plus les effets des inégalités.

Néanmoins, si Blanchard nous confronte implicitement avec l'idée que « tout vient à qui sait attendre », Piketty nous parle d'abord d'un autre « r » que celui de Blanchard, pour tracer ensuite la voie vers un Mieux-Être qui vise le contexte international, même au-delà de la zone EURO.

Résumons d'abord le point de départ de l'analyse de Piketty : il faudrait créer un fonds de refinancement de la zone EURO où des décisions seraient prises annuellement quant aux remboursements à effectuer par les uns et par les autres, sans que pour autant le contribuable allemand soit invité à financer les dettes du contribuable italien. L'Assemblée européenne devrait prendre les décisions requises et fixer à chaque fois un taux d'intérêt commun, pour échapper ainsi aux écarts énormes pratiqués sur les marchés financiers.

Pourquoi procéder à un tel remue-ménage (et de « remue-méninges » par la même occasion) ?

---

[205] Cf. NbP 200

Que signifie en effet le concept du TSCG ?[206] . Comme dit Piketty, avec une inflation presque nulle et une croissance limitée, il faudra des excédents primaires énormes pour rembourser des dettes de 100 % du PIB, en plusieurs décennies.

Qui profitera alors d'une telle situation ? Les détenteurs de patrimoines financiers, au détriment du financement de la transition sous tous ses aspects.

Les intérêts sont aujourd'hui de 2 % en zone EURO en moyenne (du fait d'un déficit moyen de 1 % et d'un excédent primaire également de 1 %). On arrive donc à plus de 200 milliards d'EURO (pour un PIB global en zone EURO de plus de 10 000 milliards d'EURO) qui pourraient être mieux utilisés et qui, en dernière analyse, font défaut au Bien-Être collectif !

Or, avant d'envisager la comptabilisation du capital naturel et du capital humain, il peut être intéressant de faire figurer le détachement du domaine financier du domaine réel, en ayant recours au PIB tel qu'il se présente encore maintenant, par rapport à l'évolution des dividendes provenant du CAC 40 dont l'indice accompagne par ailleurs d'assez près les autres grands indices mondiaux, tel que le Dow Jones

---

[206] Thomas Piketty, op cit., citation p. 1043; « Si un pays a un déficit égal à 100% du PIB, et que le taux d'intérêt est de 4%, alors les intérêts seront de 4% du PIB. Pour réaliser un déficit secondaire limité à 0,5%, il faudra donc réaliser un excédent primaire de 3,5% du PiB. Autrement dit, les contribuables devraient payer des impôts plus élevés que les dépenses dont ils bénéficient, avec un écart de 3,5% du PIB, possiblement pendant des décennies ».

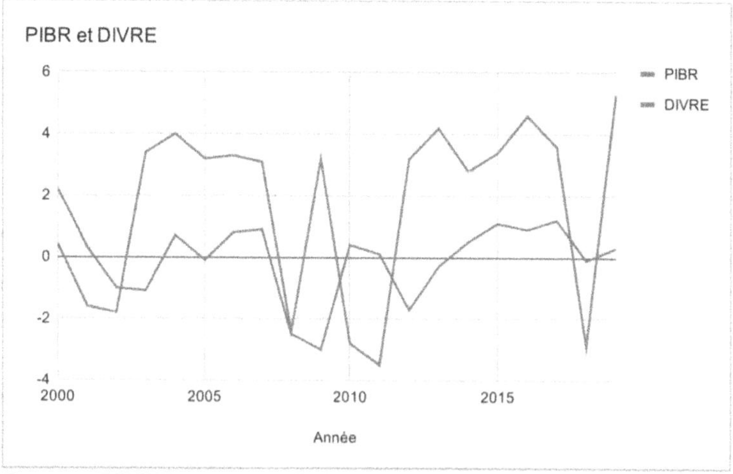

Sources : DIVRE – France-Inflation.com (30-09-2020) ; Le CAC40 depuis sa création en 1987 PIBR –INSEE, Statistiques et Études (2020) ; Taux d'Inflation, données annuelles 1991-2019 (lissages sur 5 ans effectués par l'auteure)

Inflation déduite, on constate qu'à huit reprises (2002, 2005, 2008, 2009, 2009, 2012, 2013, 2018) la croissance annoncée du PIB ne concernait que celle du volume, donc les quantités des transactions, alors que l'inflation, bien que faible, on donnait une image moins flatteuse (PIBR = PIB réel).

Les dividendes distribués et réinvestis (DIVRE) sur la base du CAC 40 laissent paraître une sorte de parallélisme pour certaines périodes, alors qu'ils sont dans l'ensemble supérieurs à la croissance réelle globale.

Si la crise de 2007/2008 a secoué les deux évolutions, il s'avère que la courbe des dividendes s'est relevée plus vite et plus fortement que celle retraçant la croissance réelle.
Ainsi les inégalités qui veulent que les salariés aient dans l'ensemble un poids plutôt faible en tant qu'actionnaires, portent ainsi atteinte au Bien-Être de la plupart des citoyens. En témoignent les statistiques qui montrent que même pour

les années de vaches maigres (la débâcle de 2007-2008 exceptée), les grandes sociétés vont « cajoler » leurs actionnaires pour ne pas les perdre, en distribuant des dividendes que la marche des affaires ne justifiait pas.

Comme il a été dit ci-dessus, devant le cataclysme de 2020, elles ont maintenant le choix : recevoir des aides de l'État en cas de besoin, ou distribuer des dividendes.

§ 3 La comptabilisation du capital naturel[207]

** L'Urgence*

On nous rappelle que la seule saisie du capital physique, donc du produit, ne saurait atteindre l'objectif : un monde plus durable. Cette formulation de la Banque Mondiale souligne une menace effective, à savoir celle d'une disparition de la planète Terre, ce dont la prise de conscience n'a réellement débuté qu'il y quelques décennies.

Ainsi, l'exploitation des ressources naturelles en tant que dégradation des richesses dont nous disposons n'est quasiment pas mesurée. S'il est vrai que les ressources ligneuses sont recensées, ce n'est as le cas du stockage de carbone et du filtrage de l'air, en tant que porteurs du Bien-Être des populations.

En conséquence, il faudrait viser le recensement d'une « croissance verte », parallèlement au TES (Tableau Entrées – Sorties) actuel, où les Entrées seraient les quantités d'eau et d'énergies, et les sorties les quantités de pollution.

La difficulté réside dans le fait que sur ce plan il n'y a pas d'échanges et donc pas de commercialisation, à la manière de

[207] La Banque Mondiale (2012)

la pollinisation qui revêt pourtant une importance majeure. Des tentatives sont en cours, à la manière du partenariat WAVES, pour trouver des moyens d'établir les coûts totaux égaux à la demande finale comportant « les coûts payés » plus les CENP (« les coûts écologiques non payés »).

Le développement d'une méthodologie est important, mais elle doit être accompagnée d'une information plus approfondie du public ainsi que des décideurs, sur la base d'un diagnostic initial. Actuellement, le réchauffement climatique, plus perceptible que d'autres formes de dégradation, offre un moyen de compréhension à cet égard.

** *Les clivages méthodologiques*

Nul ne contestera la difficulté d'un rapprochement de la comptabilisation du capital naturel, du cadre de la Comptabilité nationale, et ce quel que soit le pays. Malheureusement, les propositions faites à ce jour au niveau méthodologique ne font qu'aggraver ces difficultés, dans la mesure où elles ne sont pas consensuelles[208] .

Une première méthode consisterait en un recensement en termes physiques et monétaires, conformément à la comptabilité économique présente, des écosystèmes et des services qui en sont attendus. On procéderait à une actualisation des valeurs monétaires estimées, l'estimation ne se distinguant pas fondamentalement de celle de toutes autres valeurs monétaires sur la base d'hypothèses retenues.

Une deuxième méthode serait concentrée sur des comptes de capital naturel en désignant des actifs d'écosystèmes en termes physiques ; un effort devrait alors viser la définition d'une unité non monétaire de valeur écologique. Alors que

[208] André Vanoli (2019)

procéder de la sorte nous semble faire appel à une réflexion proprement philosophique, les projets visés actuellement prévoient des estimations monétaires seulement pour les dégradations qui sont le fait d'activités humaines.

Une troisième méthode, partielle et déjà évoquée ci-dessus, serait celle d'une demande agrégée de coûts payés et non payés.

*** *Le modèle EFESE*

L'évaluation française des écosystèmes et des services écosystémiques s'est constituée depuis le début du siècle. Elle vise l'intégration de la biodiversité dans le cadre global de la santé, des relations sociales, du cadre de vie de de la sécurité physique et économique, dans le cadre national, mais connecté au niveau international.

Le concept du Bien-Être des citoyens se dessine concrètement au plan d'une évaluation dynamique et implique une articulation entre les facteurs du changement inhérents à la biodiversité.

Le projet EFESE reconnaît le patrimoine naturel appartenant aux pays, en évoquant ici la France. Ainsi, des éléments de la biodiversité peuvent se voir attribuer des valeurs identitaires et donc spécifiques. On pense pouvoir comprendre qu'il s'agit là de sites naturels qui appartiennent aux citoyens français, ce qui ne voudrait pas dire que la jouissance leur serait exclusivement réservée.

Le projet veut aussi examiner les conditions d'arbitrage, souvent inévitables, en se servant de la notion de « bouquets » de biens et services écosystémiques. Il s'agit à chaque fois de biens et services écosystémiques observés ensemble dans le temps ou dans l'espace.

Les fonctions écologiques font appel à des processus se déroulant sans ou avec la présence de l'homme, alors qu'un service écosystémique désigne les avantages résultant de l'utilisation des fonctions écologiques par l'homme.

Un tel service est en France la pollinisation qu'il s'agit d'évaluer en premier lieu. Concrètement, il s'agit d'abord de calculer la part de la production agricole revenant à l'alimentation humaine ; par la suite, il faut déterminer la part de ce segment qui est fonction des pollinisateurs. Les estimations varient, mais l'ordre de grandeur semble se situer aux alentours de 10 %.

A la fin de ce paragraphe, il reste à évaluer la notion de capital naturel en elle-même : l'homme ne se situe ni en dehors ni au-dessus de la nature, il en fait partie intégrante, et il faut donc se demander jusqu'où cet élément de la nature que nous sommes n'est pas en déclin par rapport aux autres, sinon menacé de disparition. Le capital naturel n'est pas celui dont dispose l'homme, mais celui dont dispose la planète !

En conséquence, il y va du Bien-Être de l'invité…

La perspective change si on veut désormais inclure un certain covid-19 dans l'ensemble de ce qui est « naturel ». Comment se comporter alors envers lui ? Les éminents représentants du monde médical ont le plus grand mal de faire en sorte que les heurts entre les deux espèces ne soient que temporaires.

§ 4 L'Homme, cet « actif » comptable

** Le choix du profil*

De très nombreuses études dans divers pays ont conduit à la conclusion que des avancées de comptabilisation du capital humain doivent se concentrer sur le rendement économique[209]. Celui-ci s'adresse à l'éducation formelle, à la formation liée à l'emploi et à la population d'âge actif.

Si ce constat implique une frustration certaine, il faut reconnaître que des changements très importants sont concrètement envisagés par rapport à la situation présente : Les Comptes nationaux devront faire paraître les dépenses d'éducation et de formation comme des investissements plutôt que comme des dépenses courantes.

Ces changements porteront sur le PIB, la FBCF, la Consommation et l'épargne et signifieront donc des réorientations importantes pour l'analyse économique ainsi que pour la politique au plan économique, mais aussi sur le plan le plus général. En effet, les dépenses d'éducation réalisées par les ménages font d'eux les propriétaires économiques du capital humain.

Concernant l'évaluation chiffrée, les experts de la Commission économique pour l'Europe du Conseil économique et social des Nations Unies qui ont conçu le Guide recommandent la méthode MIP (méthode de l'inventaire permanent), de sorte que le stock de capital humain est la somme constatée après l'amortissement des coûts monétaires de l'investissement en capital humain.

** *Le choix de la méthode*

Au plan méthodologique, il est fait référence à deux méthodes exposées lors du 16e Colloque de l'Association de Comptabilité nationale[210].

---

[209] Nations-Unies (2016)

[210] Nicolas Canry (2016), cf. NbP 209

La première méthode consistant en l'estimation par les coûts et appelée *l'approche par les inputs.* Le stock de capital acquis auquel nous venons de faire référence, doit donc partir du coût global des études des agents représentés par la somme du coût de production des services non marchands provenant des administrations publiques plus la production marchande d'éducation fournie par l'enseignement privé.
Les données temporelles ainsi établies devront ensuite être soumises à un taux d'amortissement (cf. supra) difficile à estimer.

De nombreuses autres difficultés sont inhérentes à cette méthode, telles que les coûts d'opportunité des études, le temps passé par les parents à aider les enfants, et l'amélioration du système éducatif. Canry estime que cette méthode est néanmoins plus facile à manier que la suivante.

En effet, *l'approche par les revenus (discounted lifetime income approach)*[211] est très complexe et avait été conçue en premier lieu à l'économie américaine. La question est celle de savoir à quelle valeur un agent pouvait revendre son capital humain accumulé, sauf la part inhérente à sa personne. Comme le remarque Canry, le capital humain devient alors un simple actif financier.
Il serait vain de vouloir exposer ici les détails de cette méthode, tant sont nombreuses les hypothèses de départ, même en considérant l'époque.

Sur le plan du calcul, on peut être choqué de la présence d'un coefficient l'accompagnant de façon essentielle, à savoir

---

[211] D. W. Jorgenson et B. M. Fraumeni (1989)

$\frac{1+g}{1+r}$

g =le taux de croissance constant au fil du temps, en tenant compte du niveau de formation (« skill premium »)

r = le taux d'actualisation du flux de revenus, devenant nul à l'approche de la retraite

En réalité, ce coefficient est fort incertain, au numérateur comme au dénominateur.

Par ailleurs, l'évaluation de l'optimalité du niveau d'études s'appuie sur une probabilité constante au fil du temps, ce qui est également peu satisfaisant.

Finalement, la composante de la santé reste en retrait par rapport à l'éducation.

Or, si le Guide retient le fait que les hypothèses de l'approche par les revenus sont davantage sujettes à caution que celles de l'approche par les coûts, les deux options restent en présence, en attendant des recherches futures.

Ce raisonnement repose sur une hypothèse générale déconcertante, à savoir celle d'une « franche concurrence » qui est néanmoins balayée par les réalités d'un néolibéralisme oligopolistique, en Europe comme ailleurs.

Dans ces conditions, le Guide affirme que les imputations en termes de valeur ajoutée et donc en termes de valeurs de l'investissement et de stock du capital humain, sont les mêmes pour les deux méthodes.

Nous estimons regrettable de vouloir rendre opérationnelles des tentatives méthodologiques qui s'arrêtent à la barrière de la concurrence pure et parfaite, en refusant ainsi l'ouverture vers une évaluation plus réaliste du Bien-Être dans le cadre d'une Comptabilité nationale mieux adaptée aux besoins.

*** *L'estimation du rendement non économique*

Il est généralement reconnu que l'amélioration de la santé, du Bien-Être personnel et de la cohésion sociale constituent des composantes de rendement qui méritent d'être estimées. En effet, le SCN de 1993 a retenu à ce propos certains actifs invisibles telle que l'exploitation minière, l'évaluation des ressources minérales, les logiciels et bases de données et les œuvres originales en tant qu'investissements.

L'argument est ici celui du « capital produit », la R&D figurant à ce titre dans le SCN 2008.

Il sera difficile d'aller au-delà, en observant qu'en général les actifs subissent une dépréciation à l'usage, alors que le capital humain s'accroit à l'usage ; or, l'acquisition de connaissances n'est pas un processus de production, comme le souligne le Guide, puisqu'il s'agit d'un actif trop individuel.

Néanmoins, un effort de réflexion « en boucle » mérite de figurer ici : à titre d'exemple, les citoyens bénéficient des avantages résultant de l'investissement en capital humain, grâce à la création de capacités productives. Ainsi, la prise en compte de la santé individuelle sous la forme des soins de santé opère l'amélioration du rendement économique.

Ainsi, l'homme est « actif » en allant le mieux possible ; est-il pour autant « un actif » ?

Conclusion à la deuxième partie
Le nouveau paradigme

Si le Bien-Être, et au titre d'une exaltation le bonheur, doivent être reconnus tout en se soustrayant au carcan des algorithmes, cette Deuxième Partie a eu pour objet un rapprochement si non une intrusion de l'humain en lui-même.

Pour seulement tenter d'y parvenir, notre « stratégie » a consisté d'abord en un déploiement des conflits inhérents, pour ensuite tracer des voies d'harmonisation sinon de convergence possibles.

L'analyse de comportements sous leurs formes les plus diverses fait référence aux recherches qui ont enrichi la science économique depuis quelques décennies, difficilement acceptables pour le '*mainstream*'. Nous voudrions être assez audacieux pour estimer que l'acceptation de l'Intelligence Artificielle semble avoir été moins douloureuse que l'ouverture de la porte d'entrée aux idées keynésiennes. L'ubiquité de cet outil qui, s'il n'est pas à l'abri de certaines contestations, ne semble pas poser trop de problèmes idéologiques aux économistes.

L'homme du nouveau paradigme a du mal à faire siens les concepts et leurs symboles. Reconnaître les tribulations de la monnaie et du travail comme résultant de rapports de force suggère des renoncements qui ne sauraient impliquer les mêmes conséquences pour l'ensemble des citoyens.

D'où la difficulté de passer de « l'utilité » aux « Perspectives », en secouant en même temps la solidité du pilier qu'est la probabilité. Or, si l'utilité possède un profil rassurant seulement en apparence, les perspectives de la théorie comportementale désignent des stratégies et des finalités en fin émergentes.

L'irruption de l'inconcevable en ce printemps 2020 devra conduire à l'abandon du concept même d'utilité guidé par la poursuite de la maximisation.

Il est à ce sujet réconfortant de constater que la nécessité de reconnaître le Bien-Être comme autre chose qu'une variable d'ajustement, a trouvé son chemin vers la Comptabilité nationale, en France et au plan international. Vouloir capter ce qui fut pendant longtemps considéré comme insaisissable, fait des comptables nationaux les hérauts du nouveau paradigme.

En même temps, la nature et l'homme apparaissent ainsi comme étant inséparables, ce qui témoigne, si besoin était, de l'incongruité du concept d'homme économique.

Conclusion générale

La rationalité saura-t-elle se trouver un guide ? L'entropie n'est-elle pas trop envahissante ? Nous avons tenté d'y répondre, sachant que le guide doit faciliter *la démarche* comme il doit aider sous sa forme la plus concrète *la marche.*

La Première Partie de notre étude s'était appuyée sur les deux concepts qui nous paraissent primordiaux dans le cadre du modèle de l'équilibre général, à savoir l'utilité et la probabilité. Sont-ils en mesure de fournir au modèle de base les outils stratégiques pour atteindre les finalités des politiques économiques visées, dans un contexte néolibéral qui se veut au service des citoyens devant la toile de fond virtuelle de leur Bien-Être ?

Or, l'utilité comme la probabilité obéissent à des normes. La maximisation de l'utilité ne tolère aucune digression, étant ainsi porteuse du terme d'optimisation. La probabilité est quelque peu moins catégorique, mais son respect veut assurer une forte chance de réussite de l'œuvre entreprise, qu'elle soit d'ordre matériel ou immatériel.

S'il ne s'agit pas de bannir ces concepts de l'analyse économique, il est erroné d'en faire l'alpha et l'oméga d'un modèle qui ne représente en lui-même qu'un cas spécifique d'une configuration où l'utilité repose sur la fonction des courbes d'indifférence, et la probabilité sur la fonction gaussienne.

Ainsi, une construction prétendue rassurante n'est en réalité qu'un appauvrissement.

Sur ces bases, les stratégies employées majoritairement jusqu'ici rencontrent un agent qui ne leur correspond pas et qui s'en évade, puisque son profil ne se limite pas à celui de l'homme économique, mais dont les comportements révèlent des traits mis en relief par Jon Elster ; en effet, la rationalité subjective qui habite chacun de nous est porteuse de désirs incompatibles avec l'image de l'homme situé dans le 'mainstream'.

Or, nos émotions et nos intuitions sont-elles vraiment éloignées de la rationalité ? Dès l'instant où elles nous habitent, inconsciemment ou consciemment, elles engagent le processus de notre réflexion conjointement avec ce que voudrait la logique, pour nous orienter vers des comportements tels que Kahneman et Tversky les ont analysés.

Une reconnaissance effective dans les Comptes nationaux du capital naturel et du capital humain devra nous orienter vers un Mieux-Être individuel et social, enrichissant de sa complémentarité un cadre central comptable à la fois partiel et partial.

Le Bien-Être – ou le Mieux-Être – étant désormais reconnu comme guide de l'action économique et politique en général.

Or, pour jouer son rôle, un guide doit connaître son chemin, être sûr de pouvoir le suivre en allant dans la bonne direction sans trop devoir se méfier d'obstacles à lui barrer la voie.

Ainsi, le Bien-Être doit pouvoir compter sur la Confiance. Où se trouve-t-elle, ou plutôt où devrait-elle se situer ? Elle doit trouver un accueil en nous et autour de nous, sachant qu'il est très difficile de tracer une ligne de partage, tant les aspirations se rejoignent.

S'il doit s'agir d'un double accueil, celui-ci peut néanmoins se fondre en un seul : si nous avons l'impression que nos initiatives et nos actions rencontreront un terrain propice, celui-ci les recevra au sens du partage ; si des idées et des projets nous parviennent à partir d'un contexte déjà pluriel, notre propre participation s'en trouvera facilitée.

Qu'en est-il aujourd'hui, alors que nous ressentons douloureusement la « guerre sanitaire » ?

Pour traduire sur un plan concret ce qui vient d'être dit, Thomas Piketty fait appel à des restructurations tangibles aussi bien qu'intangibles qui devront porter leur fruit à court et à moyen terme. Il fait ainsi référence à plus de participation et qui facilitera le partage.

Il a ainsi dit vrai avant l'heure : davantage encore depuis ce printemps, le dépassement du singulier par le pluriel se dessine comme la voie à suivre, la contrainte commune devant céder le pas à la liberté commune.

Sans de tels efforts, le guide qu'est le Bien-Être ne saura trouver un appui, au risque de se casser.

Bibliographie

Aitken, A.(2019) Measuring welfare beyond GDP, National Institute of Economic and Social Research (NIESR) Cambridge MA, Cambridge University Press(07)

Akerlof, G.Z. Yellen, J.L. (1987) Rational models of irrational behavior, tome 2, no. 2,, New York, American Economic Review (AER) t.2/02

Allais, M. (1943) Traité d'Economie pure, 1943, Paris, Clément Juglar

(1945) Économie pure et rendement social, Paris, Dalloz

(1947) Économie et Intérêt, Paris, réédité 1998 Clément Juglar

(1981) La théorie générale des surplus, Paris, Economies et Sociétés, Cahiers de l'ISMEA

Arrow, K.J., Debreu, G.(1954) Existence of an equilibrium for a competitive economy, Malden MA., Econometrica 22

Arrow, K. J., Chenery H.B., Minhas, B.S. Solow, R.M.(1961) Capital-Labor substitution and economic efficiency, Cambridge MA, Review of Economics and Statistics 43, Massachusetts Institute of Technologies (MIT) Press

Assa, J. (2016) The financialization of GDP and its implication for macroeconomic debate, New York,

The New School for Social Research, WP 10, Department of Economics

Badiou, A. (2007), Le concept de modèle, Paris, nouvelle édition Fayard

Banque de France (2018) Projections macroéconomiques, Paris, Édition Juin

Baujard, A. (2011) L'Economie du bien-être est morte, vive l'Economie du bien-être, Rennes, CREM Université de Rennes 1, WP 2011-02

Béjean, S., Midy. F., Peyron, Ch. (1999) La rationalité simonienne : Interprétations et enjeux, Dijon, CREDES Unviersité de Bourgogne

Bentham, J. (1782), An introduction to the principles of Morals and Legislation, Londres, UCL Bentham Project retrieved (2017)

Béraud, A.(2014) Le développement de la théorie de l'équilibre général, Paris, Revue Economique, vol. 65,1

Beretti, A., Figuières, Ch., Grolleau, G. (2012) Behavioral Innovations : The missing capital in sustainable development ? CNRS, Montpellier 1, INRA

Berner, Ch. (2008) La raison en conflit, Paris, Revue de Métaphysique et de Morale, no. 2

Bernoulli, N.(1738) Specimen theoriae novae de mensura sortis, in Commentarii Academicae, Scientarium Imperialis, Saint Petersourg, Petroplitanae 5; Washington, Library of Congress Prints

Blanchard, O.J., Summers L.H.(1986), Cambridge MA, National Bureau for Economic Research (NBER) 10, WP 203

Blanchard, O.J. (2017) Should we reject the natural rate hypothesis?, Washington D.C., Petersen Institute for international economics, WP 11

Boudon, R. (1998) Au-delà du modèle du choix rationnel, in Les modèles de l'action, Presses Universitaires de France (PUF)

Bracha, A., Greezy, U., Loewenstein, G.(2015) Relative Pay and Labor supply, Chicago, Journal of Labor Economics, vol. 33(2), 04

Caveing, M. (1998) L'irrationalité dans les mathématiques grecques jusqu'à Euclide, Paris, Presses Universitaires du Septentrion

Canry, N. (2019) Comment mesurer le capital humain dans le cadre de la Comptabilité Nationale ?, Paris, in Vertus, Limites et Perspectives de la Comptabilité Nationale, INSEE Méthodes, no. 134

Chabanon, M. (1994) Quelques réflexions sur la notion d'utilité dans la philosophie de Diderot, Paris, Perseides, 16

Charraud, G. (2006) Théorie financière et stratégie financière, Paris, Revue française de Gestion, 1

Christensen, C.(1997) The investor's dilemma, Harvard, Harvard Business School Press

- (2013) The capitalist's dilemma, Harvard, Harvard Business School Press

Cobb, Ch., Douglas, P. (1928) A theory of production, New York, AER, vol. 18

Colin, N. (2020) Chroniques de l'OBS, Paris, no. 2882, 30/01

Comité de Bâle sur le contrôle bancaire (2017) Bâle, finalisation

Conseil Économique et Social des Nations-Unies (2016) Guide sur la mesure du capital humain, NY, Nations-Unies

Coyle, D., Mita-Kahn, B. (2014) Making the future count, Indigo Prize Entry en ligne, 09

Crozier, M., Friedberg, E.(1977) L'acteur et le système, Paris, Le Seuil

Daston, L. (1989) L'interprétation classique du calcul des probabilités, Paris, Les Éditions de l'EHESS

Descartes, R. (1637) Discours de la méthode, Leyde, nouvelle édition (2009) Paris, Flammarion

Deprins, D.(2010) Probabilité et Incertitude, Paris, Annales des Mines, 1

Dewerpe, A. (1996) La « stratégie » chez Pierre Bourdieu, Paris, Revue Enquête, 3

Diderot, D., Lerond d'Alembert, J.(1751-1772), Encyclopédie ou Dictionnaire raisonné des Sciences, des Arts et des Métiers, Paris, André Le Breton et Laurent Durand
Durand, A.-A. (2008) Les décodeurs, Paris, Le Monde, 05
Ekland, I. (2011) Mathématiques et Economie, fécondité et limites d'une formalisation, in Théorie économique et rationalité, Paris, Vuibert
Ellsberg, D. (1961) Risk, Ambiguity and the Savage axioms, Harvard, Quarterly Journal of Economics (QJE), Harvard University Press
Elster, J. (2009) Le désintéressement, Paris, Le Seuil
(2010) L'irrationalité, Traité critique de l'homme économique, Paris, Le Seuil,
Ferrière, M. (2011) Les principales critiques de la théorie du choix rationnel, Paris, Idées économiques et sociales, no. 165
Fillon, J. (2000) Les lettres de Sénèque, Paris, L'Harmattan
Foucauld, M. (1996) Les mots et les choses, Paris, Gallimard
Fournier, M. (2012) Bourdieu, la raison et la rationalité, Paris, Revue Cités, no.3
Freud, S. (1916) Introduction à la Psychanalyse, Paris, Tr.Fr. 1926, Petite Bibliothèque Payot
Gabaix, X. (2018) A behavioral new keynesian model, Harvard, Harvard University Press
Galavielle, Ch. (2007) Le chaos bien tempéré, Paris, Revue Analyse Financière, 25
Ghose, X., Bin, G. (2008) Frictions du marché, structure de la demande et concurrence en prix dans le marché en ligne, Paris, transcription de la Conférence de l'ICIS
Gill, D., Prowse, V. (2012) A structural analysis of disappointment aversion in a real effort competition, NY, AER, 1
Gohin, A., Guyomard, H., Le Mourêl, Ch. (1999) Analyse des politiques agricoles, Paris, Economie Rurale, 251

Goldberg, J., von Nitzsch, R. (2001) Behavioral finance, Munich, Finanzbuch Verlag

Goldstein, D. G., Gigerenzer, G.(2002) Models of ecological rationality, Princeton, Psychological Review, 109,1

Grandmont, J.-M. (1998) Introduction to market psychology and linear endogenous business cycles, Amsterdam, Journal of Economic Theory-Elsevier, 80, 1

Guerrien, B. (2002) Dictionnaire d'analyse économique, Paris, La Découverte, 3e édition

Guide de l'Économie comportementale ; Application du Nudge et des Retours d'Expérience (2018), Paris, BVA et Labrador

Hicks, J.(1939) Value and Capital, Oxford, Oxford University Press

Hildebrand, W. (2003) On aggregation of micro-relations, Paris, Revue Économique, n0. 51

Houston, W.W.(2013) Nudge, nudge, Londres, The Economist, 10 août

INSEE (1979) L'élasticité de l'emploi au coût salarial dépend-elle des structures de qualification ?, Paris, Économie et Statistique, nos. 301-302

Jorgenson, D.W., Fraoumeni, B.M. (1989) The accumulation of human and non-human capital in the measurement of investment, saving and wealth, Chicago, University of Chicago Press

Kahnaman, D., Tversky, A. (1979) An analysis of decision under risk, Malden MA, Econometrica

(1992) Advances in prospect theory, Amsterdam, Journal of Risk and Uncertainty, 5

Kahneman, D. (2011) Thnking fast and slow, NY, Farrar, Straus and Guiroux

Keynes, J. M. (1936) The general theory of employment, interest and money, Londres, éd. MacMillan 1961

Knight, F. H. (1921) Risk, Uncertainty and Profit, Iowa, University of Illinois

Kœnig, G. (2019) La fin de l'individu, Paris, Éditions de l'Observatoire
La macroéconomie des libéraux (1) (2019), Paris, Alternatives Économiques
De Laplace, P. S. (1814) Essai philosophique sur les probabilités, Paris, Bachelier
La Rue de la Bourse (2018) La courbe Phillips existe-t-elle toujours ?, Paris
Le Cun, Y. (2019) Quand la machine apprend, Paris, Odile Jacob
Leibniz, G. W. (1765) Nouveaux essais sur l'entendement humain, Washington, La Banque Mondiale, éd. 2012
Lenfant, J. S. (2010) L'équilibre général depuis Sonnenschein, Mantel et Debreu, in Roberto Barangini, André Legris et Ludovic Ragni (dir), Léon Walras et l'équilibre économique général, Paris, Economica
Lomazzi, L. (2015) Lectures – Comptes rendus, Commentaire au sujet d'Éric Salin, La vie algorithmique, 11/05/en ligne
Magdaleine, S.(2019) Intelligence artificielle, le paradoxe de l'humain, Paris, Magazine des professions financières et de l'Économie, janvier
Mage-Bertomeu, S. (2006) Les modèles d'équilibre général appliqués à la politique commerciale, Revue d'Économie politique, Paris, vol. 116,3
Markowitz, H. (1952) Portfolio selection, Londres,The Journal of Finance
Meunier, F. (2019) Faut-il se soucier de la dette publique ?, Paris, Finance et Gestion, 11,04
Mill, J. St. (1861) Utilitarianism, Stanford, Fraser's Magazine
von Mises, L. (1949) On human action, A treatise on Economics, Yale, Yale University Press
(1965) Probabilité, Statistique et Vérité, Pais, Le Seuil
Morel, P. M. (2017) Vertu éthique et rationalité pratique chez Aristote, Paris, Philosorbonne

Ng, M., Wessel, D.(2018) The Phillips curve, a poor guide for monetary policy, Harvard, Brooking -The Hutchins Center, 22/10
OBS (2019) Une bulle végane, no. 2850, juin
OECD (2019) Country Survey, Paris, juin
Offredi, C., Ravoux, F. (dir.) (2010) La notion d'utilité sociale au défi de son identité dans l'évaluation des politiques publiques, contributions de Bernard Perret, Hélène Duclos, Maurice Parodi, Paris, L'Harmattan
Pareto, V. (1896) Manuel d'économie politique, Cours d'Économie politique, Paris, Droz 1906
Pigou, A. C. (1920) The economics of welfare, Londres, MacMillan
Piketty, Th. (2019) Capital et Idéologie, Paris, Le Seuil
Piluso, N. (2013) L'utilité du salaire, Paris, Idées économiques et sociales, no. 174
Popper, K. R. (1959) The propensity interpretation of probability, Londres, The British Journal for the philosophy of science
de Pracoutal, M. (2001) L'imposture scientifique en dix leçons, Paris, La Découverte
Rapport de la Commission Stiglitz, Sen, Fitoussi (2008), Paris
Robinson, J. (1951) Collected economic papers, Oxford, Basil Blackwell
Samuelson, P. A. (1947) Foundations of economic analysis, Cambridge, Harvard University Press
de Scheemaekere, Ph. (2012) Fondements philosophiques du concept de probabilité, Bruxelles, EME et Intercommunications
Schneider, F., Grumau, J. A., Coutles, L. M. P. (2005) Applied Social Psychology, Cambridge, Sage
Senik, C. (2014), L'Économie du Bonheur, Paris, Le Seuil
Simon, H. A. (1957) Models of Man, Social and Rational, Mathematical Essays on Rational Behavior in a social setting, NY, Wiley

(1976) From substantive to procedural rationality, Cambridge, Cambridge University Press
(1982) Models of bounded rationality, Cambridge, MIT Press
(2004) Les sciences de l'artificiel, éd. fr. Gallimard
Skogsmyr, Io., Wiberg, A. (2016) The cost of thinking, Lund, Lunds Universitet, Département de Psychologie,
Slutsky, E. (1915) Sulla teoria del bilancio del consumatore, Rome, Giornale degli economisti, 51,
Stiglitz, J., Fitoussi, J.-P., Durand, M. (2019) For good measure, Paris, OECD
Strunk, P. (2020) The Pamela series 13, NY, pre-print vol. 3, AB FILLM Publishing
Taleb, N. N.(2007) The black swan, NY, Random House
(2018) Skin in the Game, NY, Random House
Thaler, R. (2003) Libertarian paternalism, NY, AER, 93 (2)
Thaler R., Sunstein, C. (2009) Improving decisions about health, wealth and happiness, en ligne
Villeval, M.-C. (2017) Université de Lyon, article 12/10/), cf. NbP 130
Vanoli, A.(2019) Vertus, Limites et Perspectives de la Comptabilité Nationale, Paris, INSEE Méthodes, no. 134
Wagner, P. (2005) Wittgenstein et les machines de Turing, Paris, Revue de Métaphysique et de Morale, no. 46(2)
Wittgenstein, L. (1953, posthume) Philosophische Untersuchungen, Berlin, Suhrkamp 1977
Zajdenweber, D. (2006) Économie et gestion de l'assurance, Paris, Economica

Table des matières

Structures éditoriales du groupe L'Harmattan

L'Harmattan Italie
Via degli Artisti, 15
10124 Torino
harmattan.italia@gmail.com

L'Harmattan Hongrie
Kossuth l. u. 14-16.
1053 Budapest
harmattan@harmattan.hu

L'Harmattan Sénégal
10 VDN en face Mermoz
BP 45034 Dakar-Fann
senharmattan@gmail.com

L'Harmattan Cameroun
TSINGA/FECAFOOT
BP 11486 Yaoundé
inkoukam@gmail.com

L'Harmattan Burkina Faso
Achille Somé – tengnule@hotmail.fr

L'Harmattan Guinée
Almamya, rue KA 028 OKB Agency
BP 3470 Conakry
harmattanguinee@yahoo.fr

L'Harmattan RDC
185, avenue Nyangwe
Commune de Lingwala – Kinshasa
matangilamusadila@yahoo.fr

L'Harmattan Congo
67, boulevard Denis-Sassou-N'Guesso
BP 2874 Brazzaville
harmattan.congo@yahoo.fr

L'Harmattan Mali
Sirakoro-Meguetana V31
Bamako
syllaka@yahoo.fr

L'Harmattan Togo
Djidjole – Lomé
Maison Amela
face EPP BATOME
ddamela@aol.com

L'Harmattan Côte d'Ivoire
Résidence Karl – Cité des Arts
Abidjan-Cocody
03 BP 1588 Abidjan
espace_harmattan.ci@hotmail.fr

L'Harmattan Algérie
22, rue Moulay-Mohamed
31000 Oran
info2@harmattan-algerie.com

L'Harmattan Maroc
5, rue Ferrane-Kouicha, Talaâ-Elkbira
Chrableyine, Fès-Médine
30000 Fès
harmattan.maroc@gmail.com

Nos librairies en France

Librairie internationale
16, rue des Écoles – 75005 Paris
librairie.internationale@harmattan.fr
01 40 46 79 11
www.librairieharmattan.com

Librairie l'Espace Harmattan
21 bis, rue des Écoles – 75005 Paris
librairie.espace@harmattan.fr
01 43 29 49 42

Lib. sciences humaines & histoire
21, rue des Écoles – 75005 Paris
librairie.sh@harmattan.fr
01 46 34 13 71
www.librairieharmattansh.com

Lib. Méditerranée & Moyen-Orient
7, rue des Carmes – 75005 Paris
librairie.mediterranee@harmattan.fr
01 43 29 71 15

Librairie Le Lucernaire
53, rue Notre-Dame-des-Champs – 75006 Paris
librairie@lucernaire.fr
01 42 22 67 13

www.ingramcontent.com/pod-product-compliance
Lightning Source LLC
LaVergne TN
LVHW011010061026
849535LV00006B/1806
* 9 7 8 2 3 4 3 2 1 6 3 9 3 *